Spanish–English Legal Terminology

Terminología español-inglés en el área legal

GEORGE N. VANSON

MARILYN R. FRANKENTHALER, Ph.D., J.D.
Associate Professor of Spanish
Coordinator for Paralegal Studies
Montclair State College
General Editor

V 681   **SOUTH-WESTERN PUBLISHING CO.**

CINCINNATI   WEST CHICAGO, ILL.   DALLAS   PELHAM MANOR, N.Y.   PALO ALTO, CALIF.

Copyright © 1982
Philippine Copyright 1982
by **SOUTH-WESTERN PUBLISHING CO.**
Cincinnati, Ohio, U.S.A.

ALL RIGHTS RESERVED

The text of this publication, or any part thereof, may not be reproduced or transmitted in any form or by any means, electronic or mechanical, including photocopying, recording, storage in an information retrieval system, or otherwise, without the prior written permission of the publisher.

Derecho de propiedad © 1982
por la **SOUTH-WESTERN PUBLISHING CO.**
Cincinnati, Ohio E.U.A.

TODOS LOS DERECHOS RESERVADOS

El texto de esta obra, o parte del mismo, no puede reproducirse o transmitirse por método o forma alguna, sea electrónico o mecánico, incluyendo copias fotostáticas, cintas magnetofónicas, acumulación en un sistema de información con memoria o de ninguna otra forma, sin autorización por escrito de la editorial.

ISBN: 0-538-22681-1
Library of Congress Catalog Card Number: 81-51691
1 2 3 4 5 6 7 8 9 0 D 1 0 9 8 7 6 5 4 3 2
Impreso en los Estados Unidos de América
(Printed in the United States of America)

TABLE OF CONTENTS

Editor's Preface vii
    by Marilyn R. Frankenthaler

Author's Introduction ix
    by George N. Vanson

About the Contributors xi

Spanish/English Legal Terminology 1
    by George N. Vanson

ACKNOWLEDGMENT

Materials for this text were developed through a

Grant by

**TITLE I of the Higher Education Act of 1965 as amended
University Community Services**

Funded through the New Jersey Department of Higher Education

Project: Language Access to Legal Assistance

Hispanic Community Program Internship in Law
MONTCLAIR STATE COLLEGE
Upper Montclair, New Jersey

EDITOR'S PREFACE

The *Spanish/English Legal Terminology* is a guide designed to assist translators. The guiding principle employed throughout is that complex legal terms cannot be translated in isolation. Rather, the context is all-important. Thus, illustrative phrases or sentences are provided to exemplify each term.

The "Author's Introduction" describes in detail the sources from which the terms included were culled over a period spanning many years.

At this time, a word about the format is in order. Each expression in the *Spanish/English Legal Terminology* is given in Spanish, followed by an illustrative phrase or sentence in both English and Spanish. Every attempt has been made to provide verbs in the infinitive form and nouns and adjectives in the masculine singular, with the exception, of course, of the words used within phrases and sentences. Many subjunctive forms, including the future subjunctive, are included among the examples, because of the extensive use of this mood in legal Spanish.

Illustrative sentences begin with a capital letter and end with a period. Illustrative phrases generally do not begin with a capital letter or end with a period. Illustrative clauses, which are not complete sentences, generally follow the format described for phrases. The main exception is for clauses beginning with "Si..." or "Cuando..." since these clauses typically occur at the beginning of sentences. The choice of a phrase, clause, or sentence to illustrate a particular term was determined by the criteria of what would be maximally useful to the translator in a given case.

The order of terms is generally alphabetical. However, idiomatic expressions derived from a word or term are found immediately after the basic term.

These materials were developed in their present form to serve Hispanics who cannot afford the services of private attorneys and who seek legally-related services at public sector legal agencies, as part of the Montclair State College Hispanic Community Program Internship in Law. The project, entitled

"Language Access to Legal Assistance," was funded through a grant by Title I of the Higher Education Act of 1965 as amended (University Community Services) through the New Jersey Department of Higher Education.

The *Spanish/English Legal Terminology* is the companion volume of the text: *Skills for Bilingual Legal Personnel: Translating, Interpreting and Cultural Fluency*. The companion text focuses upon all of the basic skills required by bilingual personnel serving the Hispanic community in the legal area. The volumes may be utilized in advanced language courses which emphasize a specialization in translating and interpreting. The texts are also appropriate for use within an in-service training program for legal personnel. It is hoped that the use of both volumes will contribute to improved language services for Spanish-speaking clients in an English-language legal system.

Marilyn R. Frankenthaler
Montclair State College

AUTHOR'S INTRODUCTION

This volume is an outgrowth and an expansion of a much shorter selection of Spanish-English legal terms which has appeared in part in several issues of the *A.T.A. Chronicle,* the journal of the American Translators Association. That selection was intended as an aid to experienced translators in rendering into English legal terms not readily found in Spanish/English legal dictionaries. The present list is intended for use by a much wider group, including bilingual legal personnel and students preparing to use their advanced knowledge of Spanish and English in legally-related careers.

The material for this text was culled, over a period of some fifteen years, from careful perusal and comparison of phrases in the Spanish and English editions of the *Laws of Puerto Rico Annotated,* published by Equity Publishing Corporation of Orford, New Hampshire.

A major part of the examples corresponds to the Civil Code of Puerto Rico, whose Spanish edition is almost identical to the wording of the Civil Code of Spain from which it is derived. In contrast, the Code of Commerce and the Code of Civil Procedure of Puerto Rico differ from the corresponding codes of Spain, due to the dominance of American influence in those areas of Puerto Rican law. By and large, the English edition of the *Laws of Puerto Rico Annotated* is correct as to meaning, but not all of its renditions conform well to idiomatic legal English. For guidance in achieving idiomatic legal English, without distorting the meanings, the following works were consulted to ensure clear understanding of the subject matter as well as the best way to convey the concept involved in English: Milo Bowman's *Handbook of Elementary Law* (St. Paul: West Publishing Co., 1927); *Black's Law Dictionary* (3rd ed., St. Paul: West Publishing Co., 1933); Adolf Berger's *Encyclopedic Dictionary of Roman Law* (Philadelphia: The American Philosophical Society, 1953); and the authoritative Spanish-language *Diccionario de Derecho Privado* (Barcelona: Editorial Labor, 1951).

It should become obvious from a careful study of the terms and phrases listed, particularly where more than one example of the same term is furnished, that the use of a word in its proper context is essential to the conveyance of its intended meaning. It goes without saying, therefore, that any indiscriminate use of these Spanish terms out of their proper context could result in serious errors, produced by those insufficiently familiar with the idiom of the language. Therefore, those who refer to this vocabulary should employ the terms in close conformity to the examples cited. In some cases, a more literal translation of a given term is possible; in general, alternatives to the literal translation of a term were utilized wherever possible, to assist the translator in avoiding repetitiousness.

Although this list of terms and phrases is not exhaustive, it is hoped that the *Spanish/English Legal Terminology* will prove extensive enough to be helpful in reading legal texts in Spanish and rendering them into English with greater facility and comprehension.

George N. Vanson

CONTRIBUTORS

GEORGE N. VANSON, Author, **SPANISH/ENGLISH LEGAL TERMINOLOGY.**

Accredited in 1975 as Spanish to English translator by the American Translators Association. Also certified by Federal and New York State Civil Service Examinations as translator and/or interpreter of the Modern Greek, German, Italian, French and Spanish languages in 1931, 1938, and 1940. Experience in translating covers a span of nearly fifty years.

MARILYN R. FRANKENTHALER, General Editor, **SKILLS FOR BILINGUAL LEGAL PERSONNEL: TRANSLATING, INTERPRETING, AND CULTURAL FLUENCY** and **SPANISH/ENGLISH LEGAL TERMINOLOGY.**

Ph.D., J.D., Member of New Jersey Bar. Associate Professor of Spanish, Coordinator for Paralegal Studies and Coordinator for Hispanic Community Program Internship in Law, Montclair State College. Author of books and articles dealing with literary criticism and legally-related subjects. Project Director for the Title I of H.E.A. Grant, Language Access to Legal Assistance, which sponsored the development of these materials.

NORMA CONNOLLY, Staff Editor, **SPANISH/ENGLISH LEGAL TERMINOLOGY.**

B.A., M.A. Currently completing Ph.D. at New York University in Spanish. Formerly Staff Linguist for Hispanic Community Program, Internship in Law, Montclair State College. Current Project Director for Spanish Training Program, Criminal Defense Division, The Legal Aid Society of New York.

A

abarcar Si la opinión es lo suficientemente *abarcadora* para demostrar...
If the opinion is sufficiently *comprehensive* to show...

los bienes *abarcados* por dicho contrato
the property *covered* by such contract

abrir La sucesión también comprende los bienes que correspondan a dicha sucesión después de *abierta*.
Succession also includes the property belonging to such succession after the same is *opened*.

absolver Si el poseedor fuere *absuelto en la demanda*...
If the *complaint* against the possessor is *dismissed*...

accidental Las modificaciones *accidentales* que se introduzcan en una obligación no la extinguen por novación.
Incidental modifications made in an obligation do not extinguish it by novation.

acción *acciones* de nulidad de matrimonio
actions for annulment of marriage

acciones en cobro de pagarés
actions on promissory notes

acciones en reclamación de salarios
actions for recovery of wages

acepción

palabras con distintas *acepciones*

words with different *meanings*

aceptación

aceptación o negativa de la firma

admission or denial of the signature

aceptación limitada

qualified *acceptance*

Se hizo por ambas partes o por una de ellas con la *aceptación* expresa o implícita de la otra.

It was done by both parties or by one of them with the express or implied *consent* of the other.

acertadamente

El tribunal a quo procedió *acertadamente* al negarse a desestimar la demanda.

The lower court acted *properly* in declining to dismiss the complaint.

acrecer

La parte de los albaceas que no admitan el cargo *acrecerá* a los que lo desempeñen.

The shares of the executors who do not accept the office *shall accrue* to those who discharge the duties thereof.

derecho de acrecer

Cuando la donación hubiere sido a varias personas conjuntamente, se entenderá por partes iguales y no se dará entre ellas el *derecho de acrecer*, si el donante no hubiese dispuesto otra cosa.

When a gift has been made to several persons jointly, it shall be understood to be in equal shares and there shall be among them no *right of accretion*, unless the donor has otherwise provided.

acreditarse

La consignación se hará depositando las cosas debidas a disposición de la autoridad judicial ante quien *se acreditará* el ofrecimiento, en su caso, y el anuncio de la consignación, en los demás.

Consignation shall be effected by depositing the things due, as provided by a judicial authority before whom the tender *shall be proved*, where such is the case, and the notice of consignation, in other cases.

acreditativo

una declaración jurada *acreditativa* de las fechas en que se hizo dicha publicación

an affidavit *showing* the dates on which such publication was effected

acreedor

el *acreedor* por sentencia

a judgment *creditor*

un *acreedor* hipotecario

a *mortgagee*

acta

Se levantará un *acta* contentiva de...

A *record* shall be made showing...

acto

Todas las formalidades expresadas en este capítulo se practicarán en un solo *acto*.

All the formal steps mentioned in this chapter shall be taken in a single *act*.

la unidad de *acto* exigida por esta sección

the continuity of the *act* required under this section

Los tribunales en *acto* de jurisdicción voluntaria harán la regulación.

The courts, in voluntary jurisdiction *proceedings*, shall make the determination.

acto seguido

thereupon

el *acto del juicio*

the *trial*

en el acto de toma de la deposición

at the taking of the deposition

acto dañoso

No solamente comete un *acto dañoso* sino que también quebranta el contrato de venta.

He not only commits a *tort* but also breaches the contract of sale.

en el acto

El testador comparecerá con el testamento cerrado y sellado o lo cerrará *en el acto* ante el notario.

The testator shall appear with the will closed and sealed or he shall close it *at the time* in the presence of the notary.

El tribunal exigirá de dicho tutor que rinda cuenta *en el acto*.

The court shall require said guardian to render an accounting *forthwith*.

actos entre vivos

la voluntad de las partes manifestada en *actos entre vivos*

the intent of the parties manifested in *transactions inter vivos*

actuación

las *actuaciones* judiciales

judicial *proceedings*

acudir

Toda persona deseosa de contraer matrimonio *acudirá* a cualquiera de las personas autorizadas para celebrarlo.

Any person desirous of contracting marriage *shall apply* to any of the persons authorized to perform it.

El heredero deberá pedir a la vez la formación del inventario, y la citación a los acreedores y legatarios para que *acudan* a presenciarlo si les conviene.

The heir must request at the same time the taking of the inventory and summoning of the creditors and legatees *to be present* thereat if it suits them.

acudirse

Si dentro de los tres meses siguientes al fallecimiento *no se acude* al tribunal competente para que...

If within three months after the death, *application is not made* to the court of proper jurisdiction for...

acudir a la vía judicial

para el caso de que el acreedor se vea obligado a *acudir a la vía judicial* para el cobro de su crédito...

for the case where the creditor should be compelled *to bring suit* in order to collect his claim...

acuerdo

podrá formalizar *acuerdos* con

he may execute *agreements* with

de acuerdo con

de acuerdo con las disposiciones de esta sección

pursuant to the provisions of this section

de acuerdo con el contrato

under the contract

acumulación

el deudor que desea impedir *acumulación* de intereses

a debtor who wishes to prevent the *running* of interest

más adelante

como *más adelante* se provee

as *hereinafter* (or: hereinbelow) provided

adicional

Si se permitiese una alegación *adicional*...

If a *further* pleading is permitted...

adolecer

Los contratos que concurran con los requisitos que expresa este artículo pueden ser anulados aunque no haya lesión para los contratantes, siempre que *adolezcan de* alguno de los vicios que los invalidan con arreglo a ley.

Contracts meeting the requirements set forth in this article may be cancelled, even though there is no loss to the contracting parties, provided that they *are tainted with* any of the defects which invalidate them under the law.

adopción

Este capítulo no será aplicable a... antes de la fecha de su *adopción*.

This chapter shall not apply to... prior to the date of its *passage*.

adquiriente

el íntimo parentesco entre el deudor y su *adquiriente* en este caso

the close kinship between the debtor and his *transferee* in this case

adquirir

Cuando se *adquiere* el derecho de deducir una acción contra una persona...

When the cause of action against a person *accrues*...

aducir

Una demanda... que alegue... *aduce* hechos constitutivos de causa de acción.

A complaint... in which it is alleged that... *states* a cause of action.

advertido

...con tal que haya *advertido* oportunamente esta circunstancia al dueño

...provided that he has *given* the owner due *notice* of this circumstance

afecto

bienes *afectos* a un crédito hipotecario

property *encumbered* by a mortgage

Mientras esto no se realice, estarán *afectos* todos los bienes de la herencia al pago de la parte de usufructo que corresponde al cónyuge viudo.

Until this has been done, all the assets of the estate shall be *charged* with the payment of the surviving spouse's share of the usufruct.

afianzar

Se exceptúa de esta regla el caso de que el comprador *afiance* pagar en el plazo convenido.

Exception to this rule is made in the case in which the vendee *gives security* for payment within the time agreed upon.

afirmativa

La parte que alegare el pago o la novación para sostener la extinción de una obligación tiene la *afirmativa* y debe probar su alegación.

To maintain that an obligation has been extinguished by payment or novation, the *burden* of proving such allegation is on the party making it.

agrupación

una finca resultante de la *agrupación* de otras que eran de distintos dueños

a farm resulting from the *consolidation* of other properties belonging to different owners

aisladamente

Esta regla se aplicará a la venta de cosas fungibles hecha *aisladamente* y por un solo precio, o sin consideración a su peso, número o medida.

This rule shall apply to the sale of consumable goods made *independently* and for a single price, or without consideration as to weight, number or measure.

ajustarse

Los procedimientos posteriores *se ajustarán* a esta regla.

All proceedings thereafter *shall conform* to this rule.

ajustarse a derecho

La negativa a eliminar párrafos de una demanda *se ajusta a derecho* cuando...

Refusal to eliminate paragraphs in a complaint... *is legally proper* when...

ajustarse a la verdad

las razones por las cuales dicha parte no puede, *ajustándose a la verdad,* ni admitir ni negar dichas cuestiones...

the reasons why said party cannot *truthfully* either admit or deny those matters...

ajuste alzado

el arquitecto o el contratista que se encarga por un *ajuste alzado* de la construcción de un edificio

an architect or contractor who for a *lump sum* takes charge of the construction of a building

albacea

El testador podrá nombrar uno o más *albaceas.*

A testator may appoint one or more *executors.*

albaceazgo

El *albaceazgo* es cargo voluntario.

Executorship is a voluntary office.

albergue

Primeramente el padre y luego la madre están obligados a alimentar, vestir, sostener, educar y proveer *albergue* a sus hijos.

Primarily the father and then the mother are obliged to feed, clothe, support, educate and provide *shelter* for their children.

alcance

al *alcance* del tribunal

within the *jurisdiction* of the court

pues ambas frases tienen el mismo *alcance*

because both phrases have the same *meaning*

El juez puede mitigar su *alcance* y efecto bajo la autoridad de esta sección.

Any judge may mitigate the *practical operation* and effect thereof under the authority of this section.

determinar el *alcance* de la intervención judicial

to determine the *scope* of judicial review

alcanzar

Si los bienes de la herencia *no alcanzan* para cubrir todos los legados...

If the *assets* of the estate *are insufficient* to cover all the legacies...

alegación

Podrá formular sus negativas específicamente en cuanto a determinadas *alegaciones* o párrafos.

He may make his denials as specific denials of designated *averments* or paragraphs.

alegar

Los fiadores *alegaron* haber convenido con el vendedor la entrega de...

The sureties *alleged* an agreement entered into with the vendor to deliver...

tener 10 días para comparecer y *alegar*

to have 10 days in which to appear and *plead*

alegato

en el *alegato*

on the *brief*

alejado

Cuando una mujer casada está viviendo separada o *alejada* de su marido...

When a married woman is living separate or *apart* from her husband...

algo

y que el nombramiento se hizo como *algo* complementario

and that the appointment was *in the nature* of a supplemental act

alguacil

los bienes puestos por el *alguacil* bajo la custodia de dicho demandado como depositario

property placed by the *marshal* in the custody of said defendant as depositary

alimentante

El tribunal puede en cualquier momento variar la cuantía de la pensión alimenticia de demostrársele que el *alimentante* no está en condiciones de continuarla pasando.

The court may at any time change the amount of support upon a showing that the *provider of support* is not in a position to continue paying it.

alimentista

Los alimentos comprenden también la educación e instrucción del *alimentista,* cuando es de menor edad.

Support also includes the upbringing and education of the *recipient of support.*

alimentos

Se entiende por *alimentos* todo lo que es indispensable para el sustento, habitación, vestido y asistencia médica según la posición social de la familia.

Support is understood to be all that is indispensable for maintenance, housing, clothing and medical attention according to the social standing of the family.

allanamiento de propiedad ajena

Comete un *allanamiento de propiedad ajena* la persona que entra en terreno ajeno sin permiso y con perjuicio de su dueño.

A person who enters upon lands of another without the consent and to the detriment of their owner commits a *trespass.*

alzadamente o en globo

el que venda *alzadamente o en globo* la totalidad de ciertos derechos, rentas o productos

a person who sells for a *total or lump sum* certain rights, incomes or products, as a whole

amenazar

Si un edificio, pared, columna o cualquier otra construcción *amenazase* ruina...

When a building, wall, column or other structure *is in danger* of collapsing...

amparar

Debe ser *amparado* en su derecho de propiedad.

He must be *protected* in his right of ownership.

al amparo

al amparo de los artículos...

under articles...

al amparo de

No tiene derecho de pedir su reconocimiento como hijo natural *al amparo* de un documento que...

He has no right to seek recognition as a natural child *in reliance on* a document that...

amplio	El alcance del descubrimiento bajo estas reglas es *amplio* en extremo.
	The scope of discovery under these rules is extremely *broad*.
con toda amplitud posible	Debe bien hacer constar *con toda amplitud posible* que...
	He must show *as fully as possible* that...
anotar	créditos hipotecarios *anotados* e inscritos en el registro de la propiedad
	mortgage loans *entered* and recorded in the registry of property
anotar preventivamente	los créditos *preventivamente anotados* en el registro de la propiedad en virtud de mandamiento judicial
	loans, a *cautionary notice* of which *has been entered* in the registry of property pursuant to a court order
con anterioridad a	*con anterioridad a* la fecha de la presentación de la solicitud
	prior to the date of filing the application
anteriormente	*anteriormente* prescrito
	hereinabove (or: *hereinbefore*) prescribed
anticipado	Se verificará el pago *anticipado* por meses.
	Payment shall be made monthly *in advance*.
antigüedad	cualesquiera otras copias que tengan la *antigüedad* de treinta o más años
	any other copies thirty or more years *old*
anualidad	el importe de la última *anualidad* de los tributos
	the amount of the last *year's* taxes
anular	El tribunal debe *anular* la expedición de la citación.
	The court must *vacate* the subpoena.

llevar aparejado

La condena de uno de los cónyuges por delito grave que *lleve aparejada* la pérdida de los derechos civiles.

Conviction of one of the spouses of a felony which *carries with it* the loss of civil rights.

apariencia

bajo *apariencia* de un contrato

under the *guise* of a contract

apartados

El no dar cumplimientos estrictos a los *apartados* mencionados de esta regla no es motivo para revocar.

Failure to comply strictly with the aforesaid *subdivisions* of this rule is not a reversible error.

apartarse

Sin embargo, no podrá una de las partes oponer el error de hecho a la otra, siempre que ésta *se haya apartado* por la transacción de un pleito comenzado.

Nevertheless, one of the parties cannot set up an error of fact against the other, if, by reason of a compromise, the latter has *withdrawn* from a suit already begun.

apelar

el término para *apelar*

the period for *taking an appeal*

Uno sólo de los fiadores *apeló* ante el tribunal de distrito.

Only one of the sureties *appealed* to the district court.

aplazado

garantía del *precio aplazado*

security for *deferred payment of the price*

aplazamiento

Cuando se haya convenido en un *aplazamiento* o término para el pago...

When a *deferment* for payment has been agreed upon...

aportación

Son elementos esenciales y constitutivos del contrato de sociedad la comunidad de bienes, dinero o industria, determinada por la *aportación* que cada socio hace.

The essential elements constituting a partnership agreement are community of property, money or industry determined by the *contribution* made by each partner.

apreciación

apreciación de la prueba

weighing of the evidence

apreciar

Para *apreciar* la capacidad del testador, se atenderá únicamente al estado en que se halle al tiempo de otorgar el testamento.

For the purpose of *determining* the competency of the testator, his condition at the time of making the will shall solely be taken into account.

apropiación (y apropiarse)

Cuando una persona *se apropia* de los intereses de una suma depositada por otra, reclama el principal depositado y oculta esos hechos a otras que, con ella, tienen derecho a dicha suma, surge necesariamente una *apropiación*.

Where a person *converts* the interest on a certain sum deposited by another, claims the principal and conceals those facts from others who, together with him, were entitled to said sum, a *conversion* necessarily arises.

aprovechar

No *aprovechan* para la posesión los actos de carácter posesorio, ejecutados en virtud de licencia o por mera tolerancia del dueño.

Acts of a possessory nature done by virtue of a permission or by mere tolerance of the owner *are of no avail* for establishing possession.

aprovecharse

La cosa legada correrá a riesgo del legatario que sufrirá por tanto pérdida o deterioro como también se *aprovechará* de su aumento o mejora.

The thing bequeathed shall be at the risk of the legatee who therefore shall bear the loss or impairment thereof, as well as *benefit* by its increase or improvement.

aquí

de acuerdo con lo *aquí* dispuesto

in accordance with the provisions *hereof*

aquilatar

Su valor será *aquilatado* en términos de su servicio diario.

Its value will be *measured* in terms of its daily use.

El juez sentenciador no *aquilató* la prueba que consta en autos.

The trial judge did not *weigh* the evidence appearing in the record.

arbitraje y adjudicación

la defensa afirmativa de *arbitraje y adjudicación*

the affirmative defense of *arbitration and award*

arbitrio

La validez y el cumplimiento de los contratos no pueden dejarse al *arbitrio* de uno de los contratantes.

The validity and fulfillment of contracts can not be left to the *discretion* of one of the contracting parties.

arrebatar

con el objeto de defraudarlo y de *arrebatarle* torticeramente la propiedad de los mismos

with the object of defrauding and wrongfully *depriving* him of the ownership of the same

arrendado

Expirado el término de un arrendamiento, el arrendador no viene obligado a aceptar la finca *arrendada* mientras no se le entregue libre de...

Upon the expiration of a lease, the lessor is not obliged to accept the *demised* property until it is delivered free of...

arrendamiento

dar y recibir en *arrendamiento*

to let for *hire* as lessor or lessee

arrojado (y arrojar)

los derechos sobre los objetos *arrojados* al mar o sobre los que las olas *arrojen* a la playa

rights to goods *jettisoned* (jetsam) or to those *washed* ashore by the waves (flotsam)

arruinarse

un edificio que *se arruinó* por vicios de la construcción

a building which *collapsed* by reason of defects in its construction

artículo corriente

una acción que es *artículo corriente* del quehacer judicial

an action that is *commonplace* in the field of judicial work

en artículo mortis

en los casos en que se celebre el matrimonio *en artículo mortis*

in the cases of marriage performed *at the point of death*

artificioso

La alegación podrá ser eliminada como *artificiosa* y falsa.

The pleading (averment) may be stricken as *sham* and false.

aseguramiento

El depósito judicial o secuestro tiene lugar cuando es decretado el embargo o el *aseguramiento* de bienes litigiosos.

A court bond or seizure is required when attachment of or *security* for property in litigation is ordered.

asegurar

Las terceras personas extrañas a la obligación principal pueden *asegurar* ésta pignorando o hipotecando sus propios bienes.

Third persons, strangers to the principal obligation, *may furnish security for* the latter by pledging or mortgaging their own property.

Si no *aseguran con fianzas* sus resultados a satisfacción del tribunal...

If they do not *post bond as security* for the results thereof to the satisfaction of the court...

asegurarse

Se aseguran la autenticidad y legalidad de estas inscripciones de acuerdo con la ley anterior.

The authenticity and legality of these registrations *are established* according to prior law.

así

Si la contestación contiene una reconvención *así* denominada...

If the answer contains a counterclaim denominated *as such*...

asilado

la custodia del veterano así *asilado*

custody of the veteran so *committed*

asilamiento

El tribunal podrá ordenar el *asilamiento* del veterano en un hospital.

The court may order the veteran's *commitment* to a hospital.

asistir

La facultad que para demandar se reconozca a los albaceas no coarta en modo alguno el derecho que para hacerlo *asiste* a los herederos del finado.

The power to sue recognized in executors does not in any away abridge the right which *attaches* to the heirs of the deceased to do so.

atacar

a los fines de *atacar* exclusivamente la jurisdicción del tribunal

for the sole purpose of *challenging* the jurisdiction of the court

atención

salvo si dicho usufructo hubiere sido expresamente concedido sólo en *atención* a la existencia de dicha persona

unless said usufruct was expressly granted solely in *contemplation* of the existence of said person

atender

El marido y la mujer deberán *atender* recíprocamente a su sostenimiento durante la separación de bienes.

The husband and the wife shall *be* mutually *responsible for* each other's support during the separation of property.

atenderse

Para calificar la intimidación debe *atenderse* a la edad, al sexo y a la condición de la persona.

In order to find intimidation, the age, sex and status of the person must *be taken into account*.

Si el estatuto fuere de origen español, *se atenderá* al texto castellano con preferencia al texto inglés.

If the statute is of Spanish origin, the Spanish text *shall prevail* over the English.

atendido

Atendidas las circunstancias de este caso, se resolvió que . . .

In view of the circumstances of this case, it was held that . . .

atrasado

pensiones alimenticias *atrasadas*

allowances for support *in arrears*

dentro de las atribuciones

Bajo esta sección, un empleado no está actuando *dentro de las atribuciones* de su empleo cuando . . .

Under this section, an employee is not acting *within the scope* of his employment when . . .

atribuir

cuando la elección hubiere sido expresamente *atribuida* al acreedor

where an option has been expressly *granted* the creditor

ausencia	En el caso de que dicha persona dejase de comparecer y alegar su derecho dentro del plazo señalado, el tribunal podrá disponer que se haga constar su *ausencia*. Where such person fails to appear and plead within the time aforesaid, the court may cause his (her) *default* to be entered.
auto	El tribunal dictará el *auto* que proceda. The court shall issue the proper *order*.
autorización	Los testamentos otorgados sin la *autorización* del notario serán ineficaces, si no... Wills drawn without the *attestation* of a notary shall be void, unless...
autorizado	un médico cirujano *autorizado* a ejercer dicha profesión a *licensed* physician and surgeon abogados *autorizados* para ejercer su profesión lawyers *admitted* to practice
avalúo	la obligación de pagar el importe de su *avalúo* the obligation to pay the *appraised value* thereof
avenencia	Cuando hay *avenencia* entre los colindantes... Where there is *agreement* between the adjoining owners...
avenirse	Cuando los demandados en una acción de deslinde *se avienen* a esto... Where the defendants in an action for the settlement of boundaries *consent* (or: agree) to it...

B

bajar

En línea colateral (de parentesco) se sube hasta el tronco y después se *baja* hasta la persona con quien se trace la computación.

In the collateral line (of consanguinity) the ascent is made up to the common trunk and the *descent* to the person with respect to whom the computation is worked out.

basándose (basarse)

Cuando una persona, *basándose* en las prescripciones de este capítulo pretenda aprovecharse de dichas prescripciones en un juicio...

When a person, *relying* on the provisions of this chapter, seeks to avail himself of the provisions thereof in a proceeding...

a base de que

a base de que la responsabilidad de los terceros ha terminado para todos los efectos legales

on the grounds that the liability of third parties has terminated for all legal purposes

beneficencia

un *establecimiento de beneficencia*

a *charitable institution*

a beneficio de

La aceptación de la herencia se entenderá *a beneficio de* inventario.

Acceptance of the inheritance shall be understood as made *under benefit of* inventory.

beneficio

La acción rescisoria del contrato es un *beneficio* que el arrendador y arrendatario pueden aprovechar, si les place.

beneficio (cont.)	The action to rescind the contract is a *privilege* which the lessor and lessee may exercise at their pleasure.
beneplácito	con el conocimiento y *beneplácito* del heredero
	with the knowledge and *consent* of the heir
bienes de dominio público	*public property*
bienes de propiedad privada	*private property*
bienes en fideicomiso	*property in trust*
bienes inmuebles	*real property*
bienes muebles	*personal property* (chattels)
bienes parafernales	*paraphernal property*
bienes raíces	*real estate*
bienes muebles hipotecados	*mortgaged chattels*
bienes gananciales	*community property*
bienes semovivientes	*animated personal property* (livestock)
bueno	No constituía una *buena* defensa.
	It did not constitute a *proper* defense.
buscar	*buscar* descubrir datos que son necesarios para preparar una contestación
	to seek disclosure of matters which are necessary to the preparation of an answer

C

cabal juicio

Los que habitual o accidentalmente no se hallaren en su *cabal juicio* están incapacitados para testar.

Persons who permanently or temporarily are not of *sound mind* are disqualified to make wills.

a cabalidad

probar *a cabalidad*

to prove *thoroughly*

caber

No *cabe* alegarse con éxito en apelación que...

It *can* not be successfully pleaded on appeal that...

por cabezas

La división de la herencia se hará *por cabezas*.

Division of the estate shall be made *per capita*.

caducar

Si el actor dejare *caducar* la instancia...

If the plaintiff lets the proceeding *lapse*...

La revocación producirá su efecto aunque el segundo testamento *caduque* por incapacidad del heredero.

Revocation shall be effective even though the second will *becomes void* by reason of disqualification of the heir.

caer

Cae enteramente dentro de la discreción del tribunal.

It *rests* entirely in the discretion of the court.

caer en comiso

Caerá en comiso la finca y el dueño directo podrá reclamar su devolución, cuando...

caer en comiso (cont.)	The estate in land *shall be forfeited* and the legal owner may demand its restitution, when...
calidad	los gastos funerarios proporcionados a la *calidad* de la persona
	funeral expenses in line with the *status* of the person
tener la calidad de	los que no *tengan la calidad* de vecinos o domiciliados en el lugar de otorgamiento del testamento
	persons who do not *qualify* as residents of or domiciled in the place where the will is executed
a calidad de	Podrá adjudicarse a un heredero *a calidad de* abonar a los otros el exceso en dinero.
	It may be awarded to one heir, *on condition that* the others be paid the excess in cash.
en calidad de	garantía *en calidad de* deudor y principal
	guaranty *as* debtor and principal
calificar	Para *calificar* la capacidad del heredero o legatario se atenderá al tiempo de la muerte de la persona de cuya sucesión se trate.
	In order *to determine* the qualification of the heir or legatee, the time of the death of the person whose succession is involved shall be taken into consideration.
calificado de	créditos *calificados de* incobrables
	claims *rated* unrecoverable
capaz	Las personas *capaces* no podrán alegar la incapacidad de aquellos con quienes contrataron (en la acción de nulidad).
	Competent persons cannot plead the incompetence of those with whom they contracted (in an action for nullity).
capital	Si la deuda produce interés, no podrá estimarse hecho el pago por cuenta del *capital* mientras no estén cubiertos los intereses.
	If the debt bears interest, payment cannot be deemed made on account of the *principal* until the interest is covered.

capitulaciones	Los que se unan en matrimonio podrán otorgar sus *capitulaciones* antes de celebrarlo.

Those being joined in marriage may, before celebrating it, execute a *marriage settlement*. |
| **carácter** | con *carácter* dotal

in the *nature* of a dowry

Tal orden le *da el carácter* de depositario.

Such order *does make* him a depositary.

Pierden la facultad de renunciar la herencia y quedan *con el carácter* de herederos.

They lose the right to renounce the inheritance and remain *as* heirs.

carácter negociable del endoso

negotiability of the endorsement |
| **carecer de fundamento** | la imputación *carece de fundamento*

the imputation (charge) *is unfounded* |
| **carga** | el transporte de *carga* o mercancía

the carriage of *freight* or merchandise

la cantidad pagada al dueño menos una *carga* razonable por los gastos

the amount paid to the owner less a reasonable *charge* for expenses

Si la finca vendida estuviese gravada, sin mencionarlo la escritura, con alguna *carga* o servidumbre no aparente...

If the real property sold was encumbered, without mention thereof being made in the deed, by a non-apparent *encumbrance* or servitude... |
| **a cargo y riesgo** | Será *a cargo y riesgo* o beneficio del donatario.

It shall be for the *account and risk* or benefit of the donee. |
| **ser cargo de** | Los gastos de su transporte o traslación *serán de cargo del* comprador. |

ser cargo de (cont.)

The cost of their removal or transportation *shall be borne by* the vendee (buyer).

Si el gestor delegare en otra persona todos o algunos de los deberes de su *cargo*, responderá de los actos del delegado.

If the manager delegates all or some of the duties of his *office*, he shall answer for the acts of the delegate.

caso fortuito

Siempre que la cosa se hubiese perdido en poder del deudor, se presumirá que la pérdida ocurrió por su culpa y no por *caso fortuito*.

Whenever a thing is lost while in the possession of the debtor, it shall be presumed that the loss occurred through fault on his part and not by reason of a *fortuitous event*.

(NOTE: A fortuitous event, in civil law, is that which happens by a cause which cannot be resisted; an unforeseen occurrence not caused by either of the parties nor such as they could prevent.)

casos fortuitos extraordinarios

Entiéndese por *casos fortuitos extraordinarios:* el incendio, guerra, peste, inundación insólita, langosta, terremoto u otro igualmente desacostumbrado, y que los contratantes no hayan podido racionalmente prever.

Extraordinary fortuitous events shall be understood to mean: fire, war, pestilence, floods, locusts, earthquakes or any other equally unusual event which the contracting parties could not have reasonably foreseen.

caso omiso

hacer *caso omiso de* presentación al pago

dispensing with presentment for payment

casual

El aumento o deterioro posterior de cosas donadas y aun su pérdida total, *casual* o culpable, será a cargo y riesgo o beneficio del donatario.

The subsequent increase or impairment of things bestowed as gifts and even their total loss, whether *accidental* or through negligence, shall be for the account and risk or for the benefit of the donee.

caución

No se hará el pago sin previa *caución* a favor del acreedor de mejor derecho.

No payment shall be made without prior *security* being given in favor of the creditor having a prior right.

caución juratoria

Si el usufructuario que no haya prestado fianza reclamare bajo *caución juratoria* la entrega de los muebles necesarios para su uso...

If a usufructuary who has not furnished bond demands under *caution juratory* the delivery of the chattels necessary for his use...

(NOTE: A guaranty or security given by oath is a caution juratory.)

caudal

Pertenece al padre o a la madre en propiedad y usufructo lo que el hijo adquiera con *caudal* de cada uno de ellos.

The father or mother shall have title to and use of whatever the child may acquire with the funds of either of his parents.

el *caudal* privativo de cada uno de los cónyuges...

the separate *property* of each of the spouses...

el *caudal* hereditario

the *estate* of the decedent

causa

Los contratos sin *causa,* o con causa ilícita, no producen efecto alguno.

Contracts without *consideration* or with an illegal one, have no effect whatever.

...son justas *causas* para la desheredación

...are sufficient *causes (grounds)* for disinheritance

causahabiente

los *causahabientes* del deudor o del acreedor

the *assignees* of the debtor or the creditor

Cuando una nueva acción envolviendo la misma cuestión litigiosa es más tarde incoada entre las mismas partes o sus representantes o *causahabientes*...

When another action involving the same subject matter is afterward brought between the same parties or their representatives or *successors in interest*...

causal

solicitar el divorcio fundado en la *causal* de trato cruel e injurias graves

to sue (petition) for divorce on the *ground* of cruel treatment and grievous insults or injuries including personal insults and reproachful language

causante

Podrán limitarse a declarar si saben que es o no de su *causante* la firma de la obligación.

They may limit themselves to stating if they know whether the signature to the obligation is or is not that of their *principal*.

Los herederos no pueden ceder o traspasar más derechos de los que a su *causante* correspondieren.

Heirs cannot assign or transfer more rights than those enjoyed by their *predecessor in interest*.

causante de la herencia

bienes o valores que hubiese recibido del *causante de la herencia*

property or securities he may have received from the *decedent*

cedente o cesionario

cedente o cesionario para beneficio de acreedores

assignor or assignee for benefit of creditors

ceder

Las mejoras provenientes de la naturaleza o del tiempo *ceden* siempre en beneficio del que haya vencido en la posesión.

Improvements caused by nature or (passage of) time always *inure* to the benefit of the one who has gained possession.

cédula hipotecaria

La *cédula hipotecaria* es el gravamen que el dueño de un inmueble constituye sobre el mismo, representándolo por medio de un título destinado a garantizar un crédito, por el que responde única y exclusivamente la propiedad.

A *mortgage certificate of hypothecated debt* is a lien which the owner of real property creates thereon, represented by an instrument of title intended to guarantee a loan for which the property is the sole and exclusive security.

celebrar

la persona *que celebre un contrato* para la venta de...

a person *contracting* to sell...

cuando *se celebró* un contrato de arrendamiento de finca urbana

where a contract *was entered into* for the lease of urban property

Celebrado el juicio "de novo", fue resuelto en contra del acreedor.

A trial "de novo" *having been held*, judgment was rendered against the creditor.

cesar

El administrador de los bienes hereditarios *cesará* en su cargo y dará cuenta de su desempeño a los herederos o a sus legítimos representantes.

The administrator of the estate *shall vacate* his office and shall render his accounting to the heirs or their legal representatives.

cesión

Su propiedad se traspasa por medio de *cesión*.

Title thereto is transferred by *assigment*.

ciencia

Se entiende haber mala fe por parte del dueño siempre que el hecho se hubiere ejecutado a su vista, *ciencia* o paciencia, sin oponerse.

Bad faith on the part of the owner is understood to exist whenever the act was done in his presence, with his *knowledge* or with his forbearance, and without opposition on his part.

cierto

Esto es *cierto* en casos de fraude.

This is *true* in cases of fraud.

la prueba de ser *cierta* la causa de la desheredación

evidence of the *truth* of the reason for disinheritance

circunstancia

Puede exigir que la indemnización consista en la entrega de una cosa igual en especie y valor y *en todas sus circunstancias* a la empleada.

He may demand that compensation consist in the delivery of a thing like in kind and value and *in all respects* to the one used.

citación

Toda *citación* se expedirá por el secretario bajo sello del tribunal.

Every *subpoena* shall be issued by the clerk under seal of the court.

toda *citación* para comparecencia de testigos

every *subpoena* for appearance of witnesses

fecha de la *citación*

date of the *citation*

Todo propietario tiene derecho a pedir el deslinde de su propiedad con *citación* de los dueños de los predios colindantes.

Every owner has the right to demand the fixing of boundaries of his property, giving *notice* thereof to the owners of adjoining tenements.

citar	Si no le *cita* de evicción...
	If he does not *serve* him with *notice* of the action for eviction...
	En uno y otro caso, el demandante tendrá derecho a hacer *citar* y emplazar a sus coherederos
	In either case, the plaintiff shall have the right to *notify* and summon his coheirs
	Puede *citarse* cualquier párrafo por su número.
	Any paragraph may be *referred* to (*cited*) by its number.
cláusula	Si una *cláusula* de un contrato admitiere diversos sentidos, deberá entenderse en el más adecuado para que produzca efecto.
	If any *stipulation* of a contract should admit of different meanings, it should be understood in the sense most suitable to give it effect.
clisé	un *clisé* de una marca de fábrica
	a *cut* (stereotype plate) of a trademark
coacción	la defensa afirmativa de *coacción*
	the affirmative defense of *duress*
coartar	La facultad que para demandar se reconozca a los albaceas no *coarta* en modo alguno el derecho que para hacerlo asiste a los herederos del finado.
	The power to sue recognized in executors does not in any way *abridge* the right which attaches to the heirs of the deceased to do so.
cobrar	acciones para *cobrar* el uso o cualquier otro derecho sobre bienes muebles
	actions to *recover* the use of personal property or any other right thereto
	en acción de *cobro* de un pagaré
	in an action for *recovery* on a promissory note
	varios cheques expedidos por el deudor y *cobrados* por el acreedor
	several checks drawn by the debtor and *cashed* by the creditor
colación	bienes recibidos en vida del causante sujetos a *colación*

colación (cont.)	property received during the life of the decedent subject to *collation*
	Tampoco *se traerán a colación* las donaciones hechas al consorte del hijo.
	Neither shall gifts bestowed upon the spouse of a child *be brought to collation*.
	para que haya lugar a la *colación*
	in order for a prayer for *collation* to be sustained
	(NOTE: *Black's Law Dictionary* "Collation". In the civil law, the collation of goods is the supposed or real return to the mass of the succession which an heir makes of property which he received in order that such property may be divided along with the other effects of the succession.)
colacionable	donaciones *colacionables*
	collationable gifts
colacionar	El inventario comprenderá numéricamente, para *colacionarles*, las cantidades que...
	The inventory shall include in specific figures, for the purpose of *collating* them, the sums which...
colegio	*Colegio* de Abogados
	Bar *Association*
colindancia	dentro de las *colindancias* de dicha finca
	within the *boundaries* of said real property
colindante	propietarios de tierras *colindantes*
	owners of *adjoining* lands
compañero de trabajo	daños causados por *compañero de trabajo*
	injury caused by *fellow-servant (fellow-employee)*
comparecencia verbal	El tribunal oirá a las partes en *comparecencia verbal*.
	The court will hear the parties at a *hearing*.
comprometer la decisión	Las mismas personas que pueden transigir pueden *comprometer* en un tercero *la decisión* de sus contiendas.

comprometer la decisión (cont.)   The same persons who can compromise may also *submit* their disputes to a third person *for decision*.

compromiso   En cuanto al modo de proceder en los *compromisos* y a la extensión y efectos de estos, se estará a lo que determina la Ley de Enjuiciamiento.

With regard to the form of procedure in *arbitrations* and the extent and effects thereof, the provisions of the Code of Civil Procedure shall govern.

comunidad   Ningún copropietario está obligado a permanecer en la *comunidad*.

No co-owner shall be obliged to remain a party *to joint ownership* (common ownership).

comunero   una demanda de retracto legal de *comunero*

complaint by *co-owner* for legal redemption

conceder   las costas deben *concederse* como cuestión de derecho

costs are *awarded* as a matter of right

concepto   Sólo la posesión que se adquiere y se disfruta *en concepto de* dueño puede servir de título para adquirir el dominio.

Only that possession acquired and enjoyed by a person *as* an owner can serve as a right to acquire ownership.

La escritura defectuosa, por incompentencia del notario o por otra falta, *tendrá el concepto de* documento privado, si estuviere firmado por los otorgantes.

An instrument which is defective by reason of incompetency of the notary or because of any defect in its form, *shall be held to be* (or: shall be deemed) a private instrument, if it was signed by the parties thereto.

La dote se compone de los bienes y derechos que *en este concepto* la mujer aporta al matrimonio.

A dowry consists of the property and rights brought *as such* by the wife to the marriage.

a menos que surja, por algún *concepto* (que)...

unless it appears, for some *reason* (that)...

No debe nada a la demandante *por concepto de* los pagarés.

He owes nothing to the plaintiff *by reason of* (or: on account of) the promissory notes.

concepto (cont.)

El acreedor no podrá usar la cosa dada en prenda sin autorización del dueño y si lo hiciere o abusare de ella *en otro concepto*,...

A creditor can not make use of a thing pledged without the authorization (permission) of the owner and if he does so, or misuses it in *any other manner*,...

conciliable

en cuanto fuere *conciliable* con esta regla

insofar as is *consistent* with this rule

conclusión

conclusiones del tribunal

findings of the court

conclusiones de hecho y de derecho

findings of fact and *conclusions* of law

concursado

los quebrados o *concursados* no habilitados

bankrupts or *insolvents*

presentarse en concurso

El deudor cuyo pasivo fuese mayor que el activo y hubiese dejado de pagar sus obligaciones corrientes deberá *presentarse en concurso* ante el tribunal competente, luego que aquella situación le fuere conocida.

A debtor whose liabilities are greater than his assets and who has failed to meet his current obligations must *file a petition in bankruptcy* in a competent court as soon as he becomes aware of being in such a condition.

condena de costas

La *condena de costas* contra la demandante es improcedente.

The *taxation of costs* to the plaintiff is improper.

condenar

El tribunal deberá disponer en la sentencia *condenando* al deudor al pago del capital que...

The court shall provide in the judgment *directing* the debtor to pay the principal amount that...

el *condenado en juicio* por adulterio

a person *tried and convicted* of adultery

condición

obligaciones sujetas a *condición* suspensiva o resolutoria

condición (cont.)	obligations subject to a *condition* precedent or subsequent
condonación	La obligación se extingue por la *condonación* de la deuda.
	An obligation is extinguished by *remission* of the debt.
confesar	dinero *confesado* como debido
	money *acknowledged* as being owed
confirmación	la *confirmación* o revocación de la sentencia
	the *affirmation* or reversal of the judgment
conforme	la voluntad de las partes, *conforme* la misma surge de un contrato entre ellas
	the intent of the parties, *as* evidenced by their contract
conformidad	con la *conformidad* del vendedor
	with the *consent* of the vendor
	la promesa de vender o comprar, habiendo *conformidad* en la cosa y en el precio
	a promise to sell or to buy, where there is *agreement* as to the thing and the price
confundir	El examen se está practicando de tal manera que sin razón alguna se molesta, *confunde* u oprime al deponente.
	The examination is being conducted in such manner as unreasonably to annoy, *perplex* or oppress the deponent.
confusión	La obligación se extingue por la *confusión* de los derechos de acreedor y deudor.
	An obligation is extinguished by the *merging* of the rights of creditor and debtor.
conocer	Si el comprador es un perito que por razón de su oficio o profesión, debía fácilmente *conocer* los defectos de la cosa comprada...
	If the buyer is an expert who by reason of his trade or profession he should easily *detect* the defects of the thing purchased...

testigos de conocimiento	El notario dará fe, al final del testamento, de haberse cumplido todas las dichas formalidades y de conocer al testador o a los *testigos de conocimiento*, en su caso.

The notary shall certify at the end of the will, that all said formalities have been complied with and that he knows the testator or the *identifying witnesses*, as the case may be. |
| **considerar** | tales cuestiones se *considerarán* como si...

such matters shall be *treated* as if...

bienes que la ley *considere* como muebles

property *regarded* by law as movables (chattels)

Será considerado reo de delito menos grave.

He *shall be deemed* guilty of a misdemeanor. |
| **consignación** | La *consignación* se hará depositando las cosas debidas a disposición de la autoridad judicial, ante quien se acreditará el ofrecimiento, en su caso, y el anuncio de la *consignación* en los demás.

Consignation shall be effected by depositing the things due, as provided by a judicial authority before whom the tender, if any, and the notice of *consignation*, as well, shall be proved. |
| **consignar** | El contrato de seguro deberá *consignarse* en documento público o privado, suscrito por los contratantes.

An insurance contract must be *set forth* in a public or private instrument signed by the contracting parties.

derechos procedentes de un acto *consignado* en una escritura pública

rights arising from a transaction *embodied* in a public instrument |
| **constancia** | *constancia* de pago mediante acta notarial

attestation of payment by notarial act

y se una a los autos *constancia* de ello

and the proof thereof is made part of the *record*

Es necesario que quede de él la debida *constancia* auténtica y fehaciente.

It is necessary that there be an authentic and genuine *record* thereof. |

hacer constar	...deberán *hacerse constar por escrito* ...must *be reduced to writing* El otorgante hará *constar* en la escritura de poder los siguientes extremos: The principal *shall set forth* in the power of attorney the following information: *hacer constar* por vía de reconvención *to state* as a counterclaim Al entregarse la copia del emplazamiento *se hará constar en aquella a su dorso* la fecha y sitio de la entrega. Upon serving the copy of the summons, there *shall be endorsed thereon* the date and place of service.
constar	al acreedor le *constaba* que the creditor *was aware* that constituyendo el segundo pagaré una garantía adicional de la deuda que *consta* del primero the second promissory note constituting additional security for the debt *evidenced* by the first one
constitución	*constitución* de hipoteca *creation* of a mortgage
constituir	*constituir* dote a favor de la mujer to *settle a dowry* on the bride
constituirse en mora	Si el obligado *se constituyese en mora*... If the obligor *is in default*...
constituirse en la obligación de	El albacea que acepta este cargo *se constituye en la obligación de* desempeñarlo. An executor who accepts his office *is bound* to discharge the duties thereof.
de consuno	Sólo valdrá lo que todos hagan de *consuno*.

de consumo (cont.)   Only those acts performed by all of them *jointly* shall be binding.

contencioso   Cuando el procedimiento de consignación se convierte en *contencioso* por virtud de oposición...

When a consignation proceeding becomes *adversary* by reason of an opposition entered...

a continuación   como *a continuación* se especifica

as *hereinafter* specified

contienda   Cuando por estar ya trabada la *contienda* en el caso...

When, upon the *issue* being joined,...

Para que proceda la compensación es preciso que sobre ninguna de las deudas haya retención o *contienda* promovida por terceras personas y notificada al deudor.

For compensation to be in order, it is necessary that none of the debts be subject to retention or *suit* brought by a third person notice of which has been duly served on the debtor.

contrario   la naturaleza general de sus contenciones en *contrario*

the general nature of their *opposing* contentions

excepto lo que *en contrario* se dispone en las secciones...

except as *otherwise* provided in sections...

De lo contrario su obligación de pagar queda en pie.

Otherwise, his obligation to pay still stands.

contrato   El *contrato* de arrendamiento terminará dentro de cuatro años.

The *lease* will run out (expire) in four years.

contratos de arrendamiento de servicios

contracts for (the hire of) services

contribución   El acreedor, salvo pacto en contrario, está obligado a pagar las *contribuciones* y cargas que pesen sobre la finca.

A creditor is bound to pay the *taxes* and other charges which burden the estate in land, unless there is an agreement to the contrary.

contributivos

diferencia entre sociedad y comunidad para fines *contributivos*

difference between partnership and common ownership for *tax* purposes

deducción *contributiva*

tax deduction

controversia

Los demandantes no tuvieron oportunidad de defenderse de una *controversia* que no les fue planteada en la corte inferior.

The plaintiffs had no opportunity to defend themselves against an *issue* which was not raised in the trial court.

controvertir

En el acto del juicio o de la audiencia cualquier parte litigante podrá *controvertir* cualquier evidencia pertinente contenida en una deposición.

At the trial or hearing any party may *rebut* any relevant evidence contained in a deposition.

Cuando una parte deseare *controvertir* la existencia legal de otra...

When a party desires *to raise an issue as to* the legal existance of another...

convalidar

salvo que la ratificación *convalide* los actos nulos en su origen

unless the ratification *validates* acts void ab initio

correcto

la negativa de la moción... se resuelve fue *correcta*

the denial of the motion... is held *proper*

corriente

Debe seguir el curso *corriente* de una acción ordinaria.

It must follow the *regular* course of an ordinary action.

cosa juzgada

la defensa afirmativa de *cosa juzgada*

the affirmative defense of *res judicata*

(NOTE: A *res judicata* is a matter adjudged, a thing or matter judicially acted upon or decided; a thing or matter settled by judgment.)

costas

costas y honorarios de abogado

costs and attorney's fee

costear	Puede obligar a los demás a *costear* con él los gastos necesarios. He may require the others to *defray* together with him the necessary expenses.
costumbre	Pueden ser igualmente objeto de contrato todos los servicios que no sean contrarios a las leyes o *a las buenas costumbres*. All services not contrary to law or *"contra bonos mores"* may also be the object of a contract. (NOTE: *Black's Law Dictionary*, "Contra bonos mores" = Against good morals. Contracts *contra bonos mores* are void.)
costumbre de la tierra	Se estará a la *costumbre de la tierra*. *general custom* shall govern.
costumbre del pueblo	todo con arreglo a la *costumbre del pueblo* all in accordance with *local custom*
crédito	la prueba a la que se da *crédito* the evidence to which *credence* is given El *crédito hipotecario* puede ser cedido a un tercero. A *mortgage loan* may be assigned to a third person.
criterio	El tiempo transcurrido desde mayo habría de ser el *criterio* para juzgar la información contenida en el certificado. The time elapsed since May would be the *test* for judging the information contained in the certificate.
cruzarse	la cantidad que *se cruzó* en el juego o en la apuesta the sum which *was exchanged* (changed hands) in the game or bet
cuantía	La jurisdicción de los tribunales debe determinarse por la *cuantía* de la cosa litigiosa. The jurisdiction of the court is determined by the *value* of the matter in dispute.

cuantía (cont.)

El tribunal fijará la *cuantía* de la indemnización.

The court shall determine the *amount* of indemnity.

cubierta

Sobre la *cubierta* del testamento extenderá el notario la correspondiente acta de su otorgamiento.

On the *jacket* of the will the notary shall write out the corresponding memorandum of its execution.

poner a cubierto

Una garantía que *pone* al fiador *a cubierto* de los procedimientos del acreedor y del peligro de insolvencia en el deudor.

A guaranty that *holds* the guarantor *harmless against* (or: *protects* the guarantor from) any proceedings of the creditor and the risk of the debtor's insolvency.

cuenta

Los gastos extrajudiciales que ocasione el pago *serán de cuenta* del deudor.

Extrajudicial expenses arising from (the) payment *shall be charged* to the debtor.

a cuenta de

El comprador podrá recuperar del vendedor la cantidad pagada *a cuenta de* dichos artículos.

The vendee (buyer) may recover from the vendor (seller) the amount paid *on* such articles.

cuenta corriente

Fue un "lapsus" calificar el dinero depositado en *cuentas corrientes* en bancos como "efectivo en caja".

It was a "slip of the pen" to refer to the money deposited in *checking accounts* in banks as "cash on hand".

rendición de cuentas

acción de *rendición de cuentas*

action for *accounting*

cuerpo

obligación de dar *cuerpos ciertos*

obligation to give *specified items*

cuestión

hasta que las *cuestiones* alegadas en la apelación sean finalmente resueltas

until the *issues* brought out in the appeal are finally settled

cuestión (cont.)

cuestiones de evidencia

evidentiary *questions*

Cuando una nueva acción envolviendo la misma *cuestion* litigiosa es más tarde incoada...

When another action involving the same *subject-matter* is brought later on...

cuidar

El acreedor debe *cuidar* de la cosa dada en prenda con la diligencia de un buen padre de familia.

A creditor must *take care* of the thing pledged as security with the diligence of a prudent man.

cuidado

grado de *cuidado*

degree of *care*

Si hubiese hijos del matrimonio cuyo *cuidado* provisional pidieran ambos cónyuges...

If there are children of the marriage whose provisional *custody* is claimed by both spouses...

culpa

las obligaciones que se deriven de actos u omisiones en que intervenga *culpa* o negligencia

obligations arising from acts or omissions in which *fault* or neglicence is involved

Cuando la *culpa* esté de parte de ambos contratantes...

When the *fault* lies with both parties to the contract...

cumplimiento

Su compromiso le impone un deber cuyo *cumplimiento* no puede ser excusado demostrando (que)...

His engagement imposes upon him a duty the *discharge* of which cannot be excused by showing (that)...

La validez y el *cumplimiento* de los contratos no pueden dejarse al arbitrio de uno de los contratantes.

The validity and *fulfillment* of contracts cannot be left to the discretion of one of the contracting parties.

cumplimiento juidicial

judicial *enforcement*

cumplimiento (cont.)

cumplimiento específico

specific *performance*

cumplir

Si el vendedor deja de *cumplir* el contrato celebrado con el comprador...

If the vendor fails to *live up* to the contract entered into with the vendee...

El comprador *cumplió* con todos los requisitos del contrato.

The vendee *(has) complied* with all of the requirements of the contract.

Si se *cumplen* los requisitos de las Reglas 19 y 20...

If the requirements of Rules 19 and 20 *are satisfied*...

siempre que *haya cumplido* ventiún años de edad

provided that he *has attained* the age of 21 years

dejar de cumplir

al *dejar de cumplir* con las condiciones del contrato

upon *breach* of the contract

D

darse por recibido

Inmediatamente después se emitieron las acciones nominativas que fueron entregadas a sus dueños los cuales *se dieron por recibidos* de esas acciones.

Immediately thereafter the registered shares were issued which were delivered to their owners who *acknowledged receipt* of these shares.

dar por terminado

Cuando un comprador de una propiedad *da por terminado* el contrato de arrendamiento existente entre el anterior dueño y el inquilino...

When the purchaser of property *terminates* the lease in force between the previous owner and the tenant...

declaración

presentar ante el juez una *declaración escrita y jurada* haciendo constar...

to file with the judge an *affidavit* showing...

declaración judicial

No está sujeta a futura *declaración judicial*.

It is not subject to future *adjudication*.

declarar

La comadrona *declaró* que...

The midwife *testified* that...

declarar con lugar

declarada con lugar una demanda de accesión en cuanto al dueño de la propiedad objeto del pleito

a complaint to enforce the right of accession *having been sustained* as to the owner of the property involved in the action

declaratoria de herederos	una acción sobre nulidad de *declaratoria de herederos*
	an action to annul a *declaration of heirship*
decretar	determinar si tal prueba era o no suficiente para *decretar* que...
	to determine whether or not such evidence was sufficient *to conclude* that...
	una orden *decretando* el arresto de cualquier parte
	an order *directing* the arrest of any party
decretarse	contratos verificados antes de *decretarse* las disposiciones de este capítulo
	contracts entered into before the provisions of this chapter *were enacted*
dedicar	sociedades anónimas *dedicadas* a la misma clase de negocios...
	corporations *engaged* in the same line of business...
deducir acción	*deducir acción* para declarar la incapacidad...
	to bring an action for a declaration of incompetency...
defecto	El *defecto o la indebida acumulación* de partes no será motivo para desestimar una acción.
	The *non-joinder or misjoinder* of parties shall not be a ground for dismissing an action.
	o en su *defecto*
	or *in the absence* thereof
defensor	Un menor deberá comparecer por medio de un *defensor* nombrado por el tribunal.
	A minor must appear through his *guardian ad litem* appointed by the court.
deferir	la confesión prestada bajo juramento decisorio, ya sea *deferido* o referido
	a confesion made under decisory oath, whether *administered* or tendered back

deferir (cont.)	La tutela se *defiere* por testamento, por la ley o por un tribunal competente.
	Guardianship *is conferred:* by will, by law or by a competent court.
deferirse	La sucesión *se defiere* por la voluntad del hombre manifestada en testamento y a falta de éste, por disposición de la ley.
	An estate *devolves* either by the intent of a natural person manifested in a will or, in the absence thereof, as provided by law.
dejar cesante	El derecho de un empleado de salir del servicio de su principal descansa sobre la misma base que el derecho del principal de *dejarlo cesante.*
	The right of an employee to quit the service of his employer rests upon the same basis as the right of the employer to *dismiss* him.
delictivo y penable	Nada hay en las secciones...que haga *delictivo y penable* el que el comprador condicional venda...
	There is nothing in sections...which makes it a *criminal offense* for the conditional buyer to sell...
delito	ser considerado culpable de un *delito menos grave*
	to be deemed guilty of a *misdemeanor*
	ser considerado culpable de un *delito criminal*
	to be deemed guilty of a *criminal offense*
	Esto constituye un *delito grave.*
	It is a *felony.*
demanda	una *demanda* en acción de daños y perjuicios
	a *complaint* in an action for damages
demandar	*Demandó a* Y pidiéndole $............ por indemnización de perjuicios fundado en que...
	He *brought an action* against Y claiming $............ on the ground that...
	el derecho de un padre a *demandar* en daños por la muerte de un hijo menor

demandar (cont.)	the right of a father *to sue for* damages for the death of a minor child
para los demás casos	conforme a lo que *para los demás casos* dispone la ley
	as *otherwise* provided by law
demostración	y previa *demostración* de que...
	and upon a *showing* that...
demostrar	El legislador *demostró* estar consciente del problema de la isla.
	The legislature *proved* to be conscious of the island's problem.
denegar	El Registrador *denegó* la inscripción tardía del nacimiento.
	The Registrar *denied* the delayed registration of birth.
denuncia	la misma infracción que es objeto de *denuncia* o acusación
	the same violation as that on which a *criminal complaint* or charge is based
depositario	*depositario* de bienes embargados
	custodian of attached property

depósito
   depositante
   depositario
	Si el *depósito* ha sido hecho por una persona capaz en otra que no lo es, sólo tendrá el *depositante* acción para reivindicar la cosa depositada mientras exista en poder del *depositario*.

	If the *bailment* was made by a qualified person to one who is not, the *bailor* shall have an action for recovery of the thing bailed as long as it remains in the possession of the *bailee*.
de derecho	El menor, sea varón o hembra, queda *de derecho* emancipado por el matrimonio.
	A minor, whether male or female, becomes *legally* emancipated by marriage.
derechohabiente	Es necesario inscribir dicho derecho de condominio a favor de la adjudicataria y de sus posteriores *derechohabientes*.
	It is necessary to record said joint ownership in the name of the awardee and her subsequent *successors in interest*.

derivar

Obligaciones *derivadas* de la ley no se presumen.

Obligations *arising* from law are not presumed.

derogar

Se ha *derogado* la ley.

The act was *repealed*.

desacato al tribunal

La negativa a obedecer una orden podrá ser considerada como *desacato al tribunal*.

The refusal to comply with an order may be considered a *contempt of court*.

desahuciar

El arrendador podrá *desahuciar* judicialmente al arrendatario por cualquiera de las causas siguientes.

The lessor may judicially *disposses* the lessee for any of the following causes.

desalojar

El dueño le ordenó que *desalojara* el local.

The owner ordered him *to vacate* the premises.

desalojo

al ser notificado de mandamiento de *desalojo* expedido en su contra

on being served with a notice of the *eviction* order (or: writ of *ejectment*) issued against him

desatender

El propietario no tiene la facultad para *desatender* lo resuelto por dicho tribunal.

The owner has no authority *to disregard* the decision of said court.

en descubierto

un pleito contra el comprador y sus fiadores en cobro de pagarés *en descubierto* por ellos otorgados

a suit against the buyer and his sureties to recover on *unpaid* promissory notes executed by them

desear

la marca de fábrica cuya inscripción *se desea*

the trademark the registration of which *is sought*

desear (cont.)

todas las defensas que *desea* interponer

all the defenses he *may care* to set up

desempeñar

documentos del cargo o empleo *desempeñado*

documents showing the position or job *held*

desempeñar el cargo de

Desempeñarán el cargo de...

They *shall discharge the duties of*...

desempeño

El tutor *no entrará en el desempeño de sus funciones* sin que su nombramiento haya sido inscrito en el registro de tutelas.

A guardian *shall not enter upon his duties* without his appointment having been recorded in the registry of guardianships.

desestimación

solicitar la *desestimación* de la acción

to move for *dismissal* of the action

desestimar

una moción para *desestimar* la demanda

a motion to *dismiss* the complaint

desfilar

En la vista *desfiló* únicamente la prueba de los demandantes.

At the hearing only the plaintiff's evidence was *presented*.

desheredación

La *desheredación* sólo podrá tener lugar por alguna de las causas que expresamente señala la ley.

Disinheritance can only be proper for some reason expressly provided by law.

designar

Si ésta hubiera sido *designada*...

If the latter has been *stipulated*...

una moción del demandante que él *designó* como de allanamiento a la del demandado

a motion of plaintiff which he *labeled* a consent to that of the defendant

designio

Fue el *designio* de la ley limitar la revisión judicial a cuestiones de...

designio (cont.)

It was the *purpose* of the act to limit judicial review to questions of...

desistir

Si el actor *desistiese* de la demanda...

If the plaintiff *withdraws* (drops) his complaint...

Una acción de clase no será *desistida* o transigida sin la aprobación del tribunal.

A class action shall not be *discontinued* or settled by compromise without the approval of the court.

desocupar

desocupar la finca

to vacate the real property

despedirse y ser despedido

El empleado para el servicio de doméstico puede *despedirse y ser despedido* antes de expirar el término de su contrato.

A person employed as a domestic may *quit or be fired* before the expiration of the term of the contract.

desposeer

No pueden *ser desposeídos* de su interés o derechos sin oírseles y tener una oportunidad de defensas.

They may not be *deprived* of their interest or right without being heard and given an opportunity to defend same.

desprenderse

como *se desprende* de la copia

as is *inferred* from the copy

destino

dar al capital que realice el *destino* que estime conveniente

to put the funds he collects to such *use* as he deems fit

destitución

hasta que sea reemplazado en caso de *destitución* o muerte

until he is replaced in case of *removal* or death

destruir

Una reconvención puede o no disminuir o *destruir* la pretensión de la parte contraria.

A counterclaim may or may not diminish or *defeat* the recovery sought by the opposing party.

destruir (cont.)	La prueba presentada no *destruye* esa presunción. The evidence adduced does not *overcome* that presumption.
desvirtuar	las escrituras hechas para *desvirtuar* otra escritura anterior public instruments made for the purpose of *invalidating* a former instrument
determinar	Generalmente una demanda en que se alega ... *determina* suficientemente una causa de acción. Generally, a complaint alleging that ... *states* a cause of action. Si el tribunal *determina* que ... If the court *finds* that ...
determinado	Si el arrendamiento se ha hecho por tiempo *determinado* ... If the lease was made for a *specified* time ...
deudas hereditarias	pago de las *deudas hereditarias* payment of *debts of the estate*
devolución	La omisión de hacerlo no justifica la *devolución* del caso para que ... Failure to do so does not warrant *remanding* the case to ...
devolver	Consideramos procedente *devolver* el caso para que se practique prueba adicional. We deem it proper to *remand* the case for additional evidence to be taken.
día feriado	El 25 de diciembre es *día feriado*. December 25th is a *legal holiday*.
día de fiesta	El 12 de febrero es *día de fiesta*. February 12th is a *holiday*.
dictamen	El legislador exige que el *dictamen* judicial se funde en prueba fehaciente.

dictamen (cont.)　　The legislature requires the *decision* of a court to be founded upon authentic evidence.

El tribunal oirá el *dictamen* de facultativos.
The court shall hear the *opinion* of doctors.

dictar　　El tribunal no erró al *dictar* sentencia contra ellos.
The court did not err in *rendering* judgment against them.

cumpliendo con todos los requisitos que las secs . . . exigen y aquellas reglas que *dicte* el Secretario
by complying with all the requirements perscribed by secs . . . and with such rules as the Secretary may *promulgate*

La orden de arresto se *dictará* contra . . .
The warrant of arrest shall be *issued* against . . .

exponer el hecho de que la sentencia *ha sido dictada*
to aver the fact that judgment *has been rendered*

diligencia　　mediante el ejercicio de *diligencia* razonable
by the exercise of reasonable *care*

la *diligencia* del emplazamiento
the *service* of the summons

La omisión de estas *diligencias* no perjudicará la legitimidad de . . .
The omission of these *formalities* shall not prejudice the legitimacy of . . .

diligenciamiento　　El *diligenciamiento* se hará de la manera siguiente: . . .
Service shall be made (effected) in the following manner: . . .

El alguacil entregará al comprador una copia de la declaración jurada y del *diligenciamiento* al dorso de la misma en el cual consignará el lugar, día y hora de la ocupación.
The marshall shall deliver to the vendee a copy of the affidavit and of the *return (of service)* endorsed thereon in which he shall show the place, date and hour of the seizure.

diligenciar

El emplazamiento será *diligenciado* por . . .

The summons shall be *served* by . . .

dimanar

Este derecho *dimana* del inciso 1 de esta regla.

This right *is founded upon* subdivision 1 of this rule.

dirigirse

La acción *puede dirigirse* contra el deudor.

The action *may be brought* against the debtor.

Cuando el acreedor *se dirige* contra el deudor . . .

When a creditor *proceeds* against a debtor . . .

dispensar

Las presunciones que la ley establece *dispensan* de toda prueba a los favorecidos por ellas.

Presumptions established by law *exempt* those favored thereby from producing any further proof.

disponer

El juez dictará una orden *disponiendo* que el alguacil se incaute de los bienes reclamados.

The judge shall issue an order *directing* the marshall to seize the claimed property.

No obstante *lo dispuesto* en el párrafo precedente . . .

Notwithstanding the *provisions* of the preceding paragraph . . .

disponiéndose

Disponiéndose que . . .

Provided that . . .

Disponiéndose, sin embargo, que . . .

Provided, however, that . . .

Disponiéndose, además, que . . .

Provided, further, that . . .

distar

El hermano *dista* dos grados del hermano.

A brother (or sister) *is* two degrees *removed* from a brother (or sister).

sin distinción	La ley civil es igual para todos *sin distinción* de personas, ni sexo.
	Everyone is equal before the law *without discrimination* as to person or sex.
distinguir	*Se distingue* la línea recta de consanguinidad *en* descendiente y ascendiente.
	The direct line of consanguinity *is either* a descending one *or* an ascending one.
dividirse	La confesión no puede *dividirse* contra el que la hace.
	Confession (of indebtedness) cannot be *partially used* against him who makes it.
doctrina de la última oportunidad	last clear chance doctrine
doctrina del coempleado	fellow servant rule
documentos mercantiles	commercial paper
documentos públicos	public instruments
dolo	Hay *dolo* cuando con palabras o maquinaciones insidiosas de parte de uno de los contratantes, es inducido el otro a celebrar un contrato que sin ellas no hubiera hecho.
	There is *deceit* when by words or insidious machinations on the part of one of the contracting parties, the other is induced to enter into a contract which he would not have made without them.
dominio	La buena fe del poseedor consiste en la creencia de que la persona de quien recibió la cosa era dueña de ella, y podía transmitir su *dominio*.
	The good faith of the possessor consists in the belief that the person from whom he received the thing was its owner and could convey *title* thereto.
dominio directo y dominio útil	Cuando pertenezca a una persona el *dominio directo* y a otra el *dominio útil*...
	When one person has the *legal ownership* and another has the *beneficial ownership*...

donación

Las *donaciones* pueden hacerse entre vivos o por causa de muerte.

Gifts may be made "inter vivos" or in contemplation of death.

donado

Podrá reservarse el donante la facultad de disponer de algunos de los bienes *donados*.

The donor may reserve to himself the right to dispose of some of the property *bestowed as a gift*.

dudoso

en el ejercicio de una sana discreción, en un caso *dudoso*

in the exercise of sound discretion in a *borderline* case

E

ebrios habituales

Los que por sentencia firme hubiesen sido declarados pródigos o *ebrios habituales* . . .

Persons who have been declared spendthrifts or *habitual drunkards* by a final judgment of a court . . .

edictos

El juez puede dictar una orden disponiendo que el emplazamiento se haga por medio de *edictos*.

The judge may issue an order directing that service (of the summons) be effected by *notices published in newspapers*.

hacerse efectivo

Sólo podrá *hacerse efectiva* la deuda procediendo contra todos los deudores.

The debt shall only *be recoverable* by proceeding against all of the debtors.

Sólo podrá *hacerse efectiva* la pena cuando ésta fuere exigible conforme a las disposiciones del presente título.

The penalty can only *be enforced* when it is demandable in accordance with the provisions of this title.

efectivo en caja

Dinero depositado en cuentas corrientes en bancos no pueden calificarse como *"efectivo en caja"*.

Money deposited in checking accounts in banks may not be referred to as *"cash on hand"*.

al efecto

las disposiciones de las secciones — y — de este título o de los reglamentos *al efecto*

the provisions of sections — and — of this title or of the regulations (promulgated) *hereunder*

al efecto (cont.)

cuestionarios preparados *al efecto*

questionaires prepared *therefor*

para los efectos de

Y en tal caso dicha ley no quedará suspendida *para los efectos de* esta sección.

And in such case said act shall not be suspended *for the purposes* of this section.

por efecto de

Si el comprador perdiese *por efecto de* la evicción una parte de la cosa vendida...

If the buyer should lose part of the thing sold *as a result* of the eviction . . .

producir efecto

Los contratos sólo *producen efecto* entre las partes que los otorgan y sus herederos.

Contracts shall only *be effective* as between the parties thereto and their heirs.

efectos

la venta de *efectos*

the sale of *goods*

efectuar

época para *efectuar* censos

time for *taking* census

eficacia

Si no se le ha dado la debida *eficacia* legal . . .

If the proper legal *effect* has not been given to it . . .

Tal acto no es suficiente por sí solo para destruir la *eficacia* de dicho pagaré.

Such action is not sufficient by itself to destroy the *validity* of said promissory note.

eficaz en derecho

Es *eficaz en derecho* el ofrecimiento de pago hecho con cuatro días de anticipación al del vencimiento de la obligación.

Tender of payment is *legally effective* (valid) when made four days prior to the due date of the obligation.

ejecución

reglamentos promulgados para su *ejecución*

rules and regulations for *enforcement thereof*

ejecutar	el derecho del acreedor hipotecario a *ejecutar* la hipoteca
	the mortgagee's right to *foreclose* the mortgage
ejecutivo	en un *ejecutivo sumarísimo* instado de acuerdo con la ley hipotecaria
	in a *summary foreclosure proceeding* brought under the provisions of the mortgage law
ejecutivo hipotecario	nulidad de *ejecutivo hipotecario*
	nullity of *foreclosure proceeding*
varios ejemplares	letras libradas en *varios ejemplares*
	bills drawn in *sets*
ejercer	Cuando el alimentista pueda *ejercer* un oficio, profesión o industria . . .
	When the recipient of support is capable of *being engaged in* a trade, profession or in an industry . . .
ejercer su cargo	Los tutores especiales *ejercerán su cargo* por tiempo y sujeto a las demás condiciones que determine el tribunal.
	Special guardians *shall hold office* for such term and subject to such other conditions as the court may determine.
en el ejercicio de su profesión	un médico cirujano *en el ejercicio de su profesión*
	a *practising physician* and surgeon
ejercitar una acción	una persona con derecho a *ejercitar una acción*
	a person entitled *to bring an action*
elección	a su *elección*
	at his *option*
eliminación	*eliminación* de alegaciones
	striking out pleadings
eliminar	al enmendar su demanda a virtud de una orden para *eliminar* particulares

eliminar (cont.)	in amending his complaint under an order *to strike out* certain items
embargar	El hecho de que el acreedor *haya embargado* bienes que fueron ofrecidos en venta sin que se presentase licitador alguno . . .
The fact that the creditor *levied* on property which was offered for sale without any bidder showing up . . .
embargarse	Un bien mueble hipotecado puede *embargarse* para hacer efectiva la deuda de su dueño.
A mortgaged chattel may be *attached* for collection of the debt of the owner thereof.
embargo	Los acreedores particulares de cada socio pueden pedir el *embargo* y remate de la parte de éste en el fondo social.
The private creditors of each partner may demand the *attachment* and sale at auction of the latter's share in the partnership capital.
sin embargo de	*sin embargo de* lo dispuesto en la sección anterior
notwithstanding the provisions of the preceding section
emitir	El Tribunal Supremo consideró procedente devolver el caso para que se practique prueba adicional y para que el tribunal "a quo" *emita* conclusiones de hechos y de derecho.
The Supreme Court held that the case should be remanded for the introduction of additional evidence and for the lower court to *make* its findings of fact and conclusions of law.
empezar a regir	Esta ley *empezará a regir* inmediatamente.
This act *shall take effect* immediately.
emplazamiento	atendido el objeto principal del *emplazamiento*
in view of the main purpose of the *summons*
recibir emplazamientos	autorizado por nombramiento o por ley para *recibir emplazamientos*
authorized by appointment or by law *to accept service of process*

emplazar	En uno y otro caso, el demandado tendrá derecho a *hacer* citar y *emplazar* a sus coherederos. In either case, the defendant shall have the right to cause his coheirs *to be* notified and *summoned*.
enajenación	*enajenación* de bienes *conveyance* of property
enajenación mental	El testamento otorgado antes de la *enajenación mental* es válido. A will made prior to *mental derangement* is valid.
encargo	Los albaceas deberán dar cuenta de su *encargo* a los herederos. Executors shall render an accounting of their *administration of their office* to the heirs.
encomendar	Cuando se pacta la mensura de una finca, . . . puede una de las partes *encomendarla* a un perito. Where the survey of land has been stipulated . . . one of the parties may *retain* an expert.
encomendarse	La facultad de mejorar no puede *encomendarse* a otro. The power to make a special bequest or devise supplementing a birthright portion may not *be entrusted* (or: *delegated*) to another person.
énfasis	*énfasis* suplido *italics* ours *énfasis* en el original *italics* in the original
entablar demanda	*entablar demanda* por daño causado a un hijo menor de edad *to bring an action* for the iujury of a minor child
entender en	El Tribunal Superior tendrá jurisdicción concurrente con el Tribunal de Distrito para *entender en* los procedimientos aquí dispuestos.

entender en (cont.)	The Superior Court shall have concurrent jurisdiction with the District Court to *hear* (or: *take cognizance of*) the proceedings herein provided for.
entenderse con	Se resolvió: Que tal procedimiento implica que el acreedor aceptó *entenderse* únicamente *con* el fiador solidario.
	Held: That such action implies that the creditor agreed to *look to* the solidary surety alone.
	Las disposiciones hechas a favor de los pobres en general *se entenderán* limitadas a . . .
	Provisions made in favor of the poor generally *shall be construed* as limited to . . .
	Si no *se entenderán* sobre el modo de hacer la partición . . .
	If they should not *agree* as to the manner of effecting the partition . . .
entrada	ordenar a cualquier parte que permita la *entrada* en tierras designadas u otra propiedad en su posesión o bajo su control
	to order any party to permit *entry* upon designated land or other property in his possession or under his control
entreveración	*entreveración* y confusión de derechos
	intermingling and merging of rights
equiparar con	Nuestro Código Civil Revisado *equipara* la familia natural *con* la legítima.
	Our Revised Civil Code *equates* the natural family *with* the legitimate one.
equivocación	No se registrará una marca de fábrica que ocasione confusión o *equivocación* en la mente del público.
	No trademark shall be registered which causes confusion or *error* in the public mind.
escrito	radicar un *escrito* de oposición to file a *notice* of opposition
ponerse por escrito	Esta declaración jurada se *pondrá por escrito*. This sworn statement *shall be reduced to writing*.

escritura de préstamo
prorrogar una *escritura de préstamo*
to extend the term of a *loan agreement*

escritura de venta
la *escritura de venta* otorgada por el alguacil
the *bill of sale* executed by the marshal

escueto
En un procedimiento de . . . el tribunal no debe circunscribirlo al hecho *escueto* de si . . .
In a proceeding for . . . the court should not confine it to the *lone* fact of whether . . .

esencial
alteración *esencial* de documentos
material alteration of instruments

todas las alegaciones *esenciales* de una demanda
all the *essential* allegations of the complaint

establecer
Las citadas disposiciones no *establecen* una vista para tales propósitos.
The aforesaid sections do not *provide* for a hearing for such purposes.

Todas las acciones deben *ser establecidas* de acuerdo con las prescripciones de la ley de Enjuiciamiento Civil.
All actions *must be brought* in accordance with the provisions of the Code of Civil Procedure.

lo establecido
conforme a lo *establecido* en la ley de Enjuiciamiento Civil
in accordance with the *provisions* of the Code of Civil Procedure

estado
en cualquier *estado* del procedimiento
at any *stage* of the proceeding

estado de cuentas
un *estado de cuentas* preparado por un contador público autorizado
a *statement of account* prepared by a certified public accountant

estarse
Si los términos de un contrato son claros y no dejan duda sobre la intención de los contratantes *se estará* al sentido literal de sus cláusulas.

estarse (cont.)	If the terms of a contract are clear and leave no doubt as to the intentions of the contracting parties, the literal sense of its stipulations *shall govern* (or: *shall be observed*).
estar y pasar	Si una parte se impone una obligación que pueda cumplirse, debe *estar y pasar* por ella a menos que . . .
	If a party assumes an obligation that can be fulfilled, he must *abide by* it, unless . . .
estimación	El heredero debe dar la misma cosa legada, pudiendo hacerlo, y no cumple con dar su *estimación*.
	The heir must deliver the thing bequeathed, if he is able to do so, and does not perform by delivering the *estimated value* thereof.
estimar	Cuando *estime* que así hacerlo es de conveniencia pública . . .
	Whenever he *deems* it to be in the public interest to do so . . .
estimarse	No puede *estimarse* como una novación extintiva de la obligación.
	It cannot *be regarded* as a novation extinguishing the obligation.
estipulación de hechos	radicar una *estipulación de hechos*
	to file an *agreed statement of facts*
por estirpes	Siempre que se herede por representación, la división de la herencia se hará *por estirpes*.
	Where an inheritance is taken by representation, division of the estate shall be made *per stirpes*.
estorbo	Para que exista *estorbo* debe haber una violación de un derecho con arreglo a la ley. Una mera molestia sin culpa no constituye un *estorbo*.
	To constitute a *nuisance*, there must be a violation of a lawful right. A mere annoyance without fault is not a *nuisance*.
exacción	exención de embargo, sentencia, *exacción* o ejecución
	exemption from attachment, judgment, *levy* or execution

sin excepción legal

el concepto *"sin excepción legal"* empleado por el notario en un testamento con referencia a los testigos que en él figuran

the term *"duly qualified"* used by the notary in a will with reference to the witnesses appearing therein

excusión de los bienes

el acreedor negligente en la *excusión de los bienes* del deudor

a creditor who is negligent in *levying upon the property* of the debtor

hacerse excusión de los bienes del deudor

El fiador no puede ser compelido a pagar al acreedor sin *hacerse* antes *excusión de todos los bienes del deudor.*

A surety cannot be compelled to pay a creditor before *all the assets of the debtor have been applied to payment of the debt.*

exhorto

un funcionario designado por comisión o por medio de *exhorto*

an officer appointed by commission or under *letters rogatory*

existencia

Su *existencia* o ausencia no tiene efecto legal excepto . . .

The *presence* or absence thereof has no legal effect except . . .

exoneración

la defensa afirmativa de *exoneración*

the affirmative defense of *release*

exoneración por quiebra

la defensa afirmativa de *exoneración por quiebra*

the affirmative defense of *discharge in bankruptcy*

expediente

el *expediente* de los procedimientos habidos ante . . .

the *record* of proceedings before . . .

expediente de dominio

sentencias que se dictan en *expediente de dominio*

judgments rendered in *preceedings to establish ownership*

quedar expedito

Si no paga dentro de los treinta días siguientes al requerimiento, *quedará expedito* el derecho de aquél.

If he does not pay within the thirty days following the demand, the right of the former *shall be free of any impediment* to the exercise thereof.

exponer

declaración *exponiendo* los hechos del nacimiento y la no inscripción

affidavit *stating* the facts of birth and non-registration

El tribunal dictará una orden en que *expondrá* lo acordado en la conferencia.

The court shall issue an order which *recites* the action taken at the conference.

casas de expósitos

los jefes de las *casas de expósitos*

the heads of *foundling homes*

expresar

Expresó, además, que . . .

He (she) further *stated* that . . .

Los Artículos 30 y 31 *expresan* lo siguiente: . . .

Articles 30 and 31 *read* as follows: . . .

Las mujeres casadas no pueden prestar consentimiento en los casos *expresados* por la ley.

Married women cannot give consent in the cases *specified* by law.

extensión

en toda la *extensión* que señala el artículo precedente

to the full *extent* prescribed by the preceding article

extinguir

La sociedad *se extingue* cuando . . .

Partnership *is dissolved* when . . .

hasta que el tutor *haya extinguido* todas las responsabilidades de su gestión

until the guardian *has discharged* all the responsibilities of his management

extremo

Cuando, en algún *extremo*, sea contrario a la naturaleza o a las leyes . . .

When, in any *particular*, it is contrary to nature or to law . . .

en el extremo relativo a

impugnar su fuerza probatoria *en el extremo relativo a* la fecha de los pagos

to challenge (impugn) its probative force *as to* the date of the payments

F

facultad

salvo la *facultad* que se les reserva en la sección . . . de este título

without prejudice to the *right* reserved to them in section . . . of this title

facultarse

Por la presente *se faculta* al Secretario de Hacienda a promulgar aquellas reglas y reglamentos necesarios para . . .

The Secretary of the Treasury *is* hereby *authorized* to promulgate such rules and regulations as may be necessary to . . .

facultativo

el *facultativo* que asistió al alumbramiento

the *physician* who attended the childbirth

falsificar

firma *falsificada*

forged signature

cualquier persona que, sin consentimiento del dueño de una marca de fábrica reproduzca, *falsifique,* copie o imite cualquier marca de fábrica . . .

any person who without the consent of the owner of a trademark reproduces, *counterfeits,* copies or imitates any trademark . . .

falsificación

el delito de *falsificación* de documentos públicos o privados

the crime of *forgery* of public or private documents

falta

por incompetencia del notario o por otra *falta* en la forma (de la escritura)

falta (cont.)	by reason of the incompetency of the notary or any other *defect* in the form (of the instrument)
	obligaciones civiles nacidas de delitos o *faltas*
	civil obligations arising from crimes or *misdemeanors*
	Si la causa fuere la *falta* del contratista a las condiciones del contrato . . .
	If the cause was *non-compliance* of the contractor with the conditions of the contract . . .
fallar	El tribunal que rehuse *fallar* . . .
	Any court that refuses *to render judgment* . . .
fe notarial	*fe notarial*
	notarial certification (or: certificate by a notary)
hacer fe	Los documentos públicos *hacen fe* entre las partes contratantes y sus causahabientes.
	Notarially recorded documents are *evidence* as between the contracting parties and their successors in interest.
fecha	en cualquier *fecha* o sitio
	at any *time* or place
	con *fecha* de
	under *date* of
fenecido	las cantidades que quede debiendo después de *fenecido* el mandato
	the sums he still owes after the agency *has terminated*
fiado	desde el momento en que el *fiado* deja de cumplir lo convenido
	from the time that the *guarantee* fails to comply with his agreement
fiador	Si el *fiador* se obligare solidariamente con el deudor principal . . .
	If the *surety* binds himself jointly and severally with the principal debtor . . .

fianza

Cuando dos personas firman con otra, como principales, un pagaré a favor de un tercero con el fin de que dicha otra persona obtenga dinero, entre aquéllas y el tercero existe una obligación de *fianza*.

Where two persons sign a promissory note with another as principals in order that the third person may obtain money, there exists as between the former and the latter an obligation of *suretyship*.

fideicomiso
  fiduciario
    fideicomitente
      fideicomisario

El *fideicomiso* es un mandato irrevocable en virtud del cual se transmiten determinados bienes a una persona, llamada *fiduciario*, para que disponga de ellos conforme lo ordene la que los transmite, llamada *fideicomitente*, a beneficio de este mismo o de un tercero, llamado *fideicomisario*.

A *trust* is an irrevocable mandate whereby certain property is transmitted to a person, called a *trustee*, in order that he may dispose of it as directed by the party who transmits it, called the *settlor*, for his own benefit or for the benefit of a third party, called the *beneficiary* (or: cestui que trust).

fideicomitido

el disfrute del interés beneficioso en bienes *fideicomitidos*

the enjoyment of the beneficial interest in property *held in trust*

finado

los herederos de un *finado*

the heirs of a *decedent*

final

¿Significa lo anterior que tendrán carácter *final* las determinaciones administrativas en estos casos?

Does the foregoing mean that administrative determinations in these cases are *conclusive?*

fiscal

a solicitud del *fiscal*

at the request of the *district attorney*

fondo social

Cada socio puede servirse de las cosas que componen el *fondo social*.

Each partner may make use of the the things forming the *partnership assets*.

en la forma que

en la forma que el tribunal dispusiese

as the court may direct

en esa forma	Cuando *en esa forma* se emplee . . . When *so used* . . .
formación de inventario	Podrá pedir la *formación de inventario.* He may request the *taking of an inventory.*
formalizarse en escritura pública	El préstamo de dinero para realizar el pago debe *formalizarse en escritura pública.* The loan made to effect payment must be *executed in a notarially recorded instrument.*
formular	una pregunta *formulada* al testigo a question *put* (or: *propounded*) to the witness Puede *formular* la reconvención. He (she) may *set up* a counterclaim. Podrá *formular* sus negativas. He may *make* his denials.
en fraude de	contratos celebrados *en fraude de* acreedores contracts entered into *with intent to defraud* creditors
frutos civiles	Son *frutos civiles* el alquiler de los edificios, el precio del arrendamiento de tierra y el importe de las rentas perpetuas, vitalicias u otras análogas. *Civil fruits* are the rents of buildings, the price for the lease of lands and the amount of perpetual, life or other similar incomes.
frutos industriales	Son *frutos industriales* los que producen los predios de cualquier especie a beneficio del cultivo o del trabajo. *Cultivated fruits* (or: *emblements*) are those produced by lands of any kind through cultivation or labor.
frutos naturales	Son *frutos naturales* las producciones espontáneas de la tierra y las crías y demás productos de los animales. *Natural fruits* are the spontaneous produce of the soil and the broods and other products of animals.

fueros

los *fueros* y costumbres especiales

the *local laws* and special customs

conservar la fuerza

Conservarán igualmente *su fuerza* los derechos personales que . . .

Personal rights which . . . *shall* also *remain in force*

funcionamiento

reglas y reglamentos tendentes a proveer el buen *funcionamiento* en relación con los asuntos relativos a marcas de fábrica

rules and regulations tending to provide proper *procedure* in connection with trademark matters

fundado

Si el comprador tuviese *fundado* temor de ser perturbado en la posesión o dominio de la cosa adquirida . . .

If the buyer has a *reasonable* fear of being disturbed in his possession or ownership of the thing purchased . . .

fundado en que

A demandó a B pidiendo $.......... por indemnización de perjuicios *fundado en que* . . .

A brought an action against B claiming $.......... as damages *on the grounds that* . . .

fundar

Uno de los proveedores estableció acción sobre la fianza contra el principal y fiadores, *fundada* en dicha cláusula.

One of the suppliers brought an action on the bond against the principal and sureties *in reliance upon* said clause.

G

ganancia dejada de percibir   daños por pérdida de tiempo y *ganancia dejada de percibir*

damages for loss of time and *lost earnings* (or: ceasing gain)

gananciales   Se reputan *gananciales* todos los bienes del matrimonio, mientras no se prueba que pertenecen privativamente al marido o a la mujer.

All the property of a married couple shall be considered *community property* (or: ganancial property) until proved exclusively that of the husband or the wife.

garantía   *garantía* del endosante de que el documento será aceptado

endorser's *warranty* that the instrument will be accepted

aceptación después de protesta para mayor *garantía*

acceptance after protest for better *security*

garantizado   un pagaré *garantizado* con hipoteca

a promissory note *secured* by a mortgage

garantizar   Esta regla debe ser interpretada en forma tal que *garantice* una solución justa, rápida y económica de la acción que se ejercita.

This rule should be construed so as to *ensure* a just, speedy and economical determination of the action being brought.

género   Si se señalase sólo por *género* o especie . . .

If it is designated only by *class* or kind . . .

gestión

cuando el heredero no haya practicado *gestión* alguna como tal heredero

where the heir has not taken any *action* as such heir

La demanda también expondrá detalladamente las *gestiones* del demandante para . . .

The complaint shall also set forth in detail the *efforts* of the plaintiff to . . .

El que se encarga voluntariamente de la agencia o administración de los negocios de otros, sin mandato de éstos, está obligado a continuar su *gestión* hasta el término del asunto y sus incidencias.

A person who voluntarily takes charge of the agency or administration of the affairs of another, without the latter's authorization is bound to continue the *handling* thereof and everything incidental thereto until completion thereof.

gestionar

desde el día en que hubiere *gestionado* como heredero

from the day on which he *took action as heir*

gestor oficioso

El *gestor oficioso* debe desempeñar su encargo con toda la diligencia de un buen padre de familia.

A *voluntary intermeddler* (or by definition "agent acting for another in the latter's absence and without his authority") must discharge the duties of his office with all the diligence of a prudent man.

global

Convinieron en la compraventa *global* de la empresa.

They agreed to the sale of the enterprise *in its entirety*.

gobernarse por sí mismos

personas que son incapaces de *gobernarse por sí mismos*

persons incapable of *managing their own affairs*

gozar de plena capacidad civil

siempre que tales acreedores *gocen de plena capacidad civil* y de buen concepto y reputación

provided that such creditors *have the full enjoyment of their legal capacity* and are persons of good standing and reputation

disfrutar graciosamente

disfrutar graciosamente de una cosa perteneciente a otra persona

to have the gratuitous enjoyment of a thing belonging to another person

grado

los descendientes del *grado* más próximo

the descendants next in *rank*

graduación

Los créditos se clasificarán para su *graduación* y pago, por el orden y en los términos que en este capítulo se establecen.

Credits shall be rated, for the *order of preference* and payment thereof, in the order and manner provided in this chapter.

gravado

La responsabilidad de la deuda debe distribuirse entre todas las fincas *gravadas*.

Liability for the debt must be distributed among all the *encumbered* properties.

gravamen

liberar los bienes donados de las hipotecas y cualesquiera otros *gravámenes* que pesen sobre ellos

to free the property bestowed as a gift from mortgages and any other *encumbrances* thereon

gravar

El testador podrá *gravar* con mandas o legados, no sólo a su heredero, sino también a los legatarios.

A testator may *charge* with legacies and bequests not only his heir but also his legatees.

gravosos

Cuando se objetan interrogatorios porque son onerosos y *gravosos* . . .

Where interrogatories are objected to on the ground that they are onerous and *burdensome* . . .

grueso

crear un procedimiento administrativo que se encargara, en primer término, del *grueso* de estas controversias

to create an administrative procedure that would primarily take care of the *bulk* of these controversies

grupo

un solo *grupo* de hechos o circunstancias

a single *set* of facts or circumstances

guarda

El objeto de la tutela es la *guarda* de la persona y bienes de los que son incapaces de gobernarse por sí mismos.

guarda (cont.)	The purpose of guardianship is the *custody* of the person and property of those who are incapable of managing their own affairs.
guardar	*Se guardará* el orden establecido en la sección anterior.
	The order established in the preceding section *shall be observed*.
guardarse fidelidad	Los cónyuges están obligados a vivir juntos, *guardarse fidelidad* y socorrerse mutuamente.
	The spouses shall have the duty to live together, *be faithful* to and help each other.
gustar	la venta de las cosas que es costumbre *gustar* o probar antes de recibirlas
	the sale of things which it is customary to *test* or try before receiving them

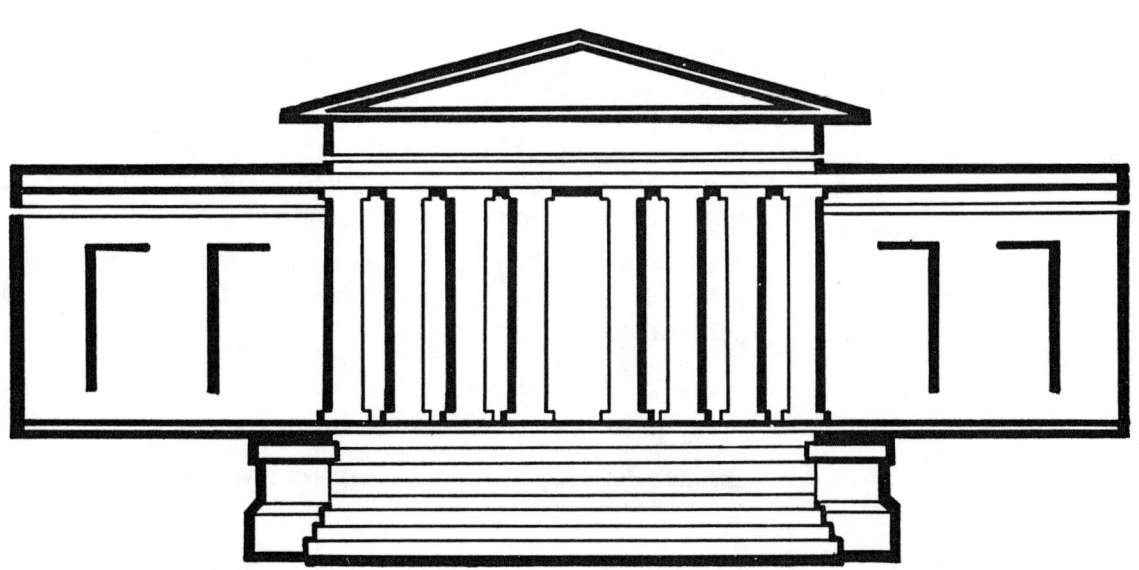

H

haber

Háyase o no dado el aviso de que ...

Whether the notice that ... was given or not

Cuando el testador no dejare hijos o descendientes, pero sí ascendientes legítimos, los hijos naturales reconocidos tendrán derecho a la mitad del *haber* hereditario.

Where the testator leaves no legitimate children or descendants, but does leave legitimate ascendants the acknowledged natural children shall be entitled to one-half of the *assets* of the estate.

haber de

la forma en que *haya de* practicarse la prueba

the manner in which the evidence *is to be* submitted

habiendo

La promesa de vender o comprar *habiendo* conformidad en la cosa y en el precio, dará derecho a los contratantes para reclamar recíprocamente el cumplimiento del contrato.

A promise to sell or buy, *there being* agreement as to thing and price, shall entitle the contracting parties to mutually demand performance of the contract.

hábil

la ley para prescribir quienes son testigos *hábiles*

the act defining who are *competent* witnesses

hacer

hacer y recibir donaciones en un contrato antenupcial

To *bestow* and receive gifts in an antenuptial agreement

hacer efectivo

obtener mandamiento de ejecución de una sentencia para *hacer efectivo* el 25% así adjudicado

hacer efectivo (cont.)	to obtain a writ of execution of judgment *to collect* the 25% so awarded
	Todas las personas que tuvieren derechos contra los bienes por razón de la muerte del ausente podrán ejercitarlos o *hacerlos efectivos* a condición de . . .
	All persons having rights to the estate by reason of the death of the absentee may exercise or *enforce* them on condition that . . .
hacer que	El tribunal *hará que* se dé el aviso que prescribe la ley.
	The court *shall cause* such notice to be given as provided by law.
hacer saber	Si no se les *ha hecho saber* . . .
	Unless they were *given notice* . . .
hacer suponer	Cuando la renuncia resulta de actos que *hacen suponer* el abandono del derecho adquirido . . .
	When the renunciation (waiver) arises from acts which *imply* abandonment of the right acquired . . .
hacer suyo	Le permite *hacer suyos* los frutos que produzca (la cosa arrendada).
	It permits him *to appropriate to himself* the fruits produced (by the leased property).
hacer valer	Si el fiador paga sin ponerlo en noticia del deudor, podrá éste *hacer valer* contra él las excepciones que hubiera podido oponer al acreedor al tiempo de hacerse el pago.
	If the surety pays without notifying the debtor, the latter may *assert* against him all the defenses which he could have set up against the creditor at the time payment was made.
hechos	Admitirá o negará los *hechos* en que descanse la parte contraria.
	He (she) shall admit or deny the *facts* on which the adverse party relies.
heredero	Instituyo por mis *herederos* a M y N
	I appoint and constitute M and N as my *heirs*.

heredero forzoso	El que no tiene *herederos forzosos* puede disponer por testamento de todos sus bienes o de parte de ellos en favor de cualquier persona que tenga capacidad para adquirirlos. Whosoever has no *forced heirs* (or: heirs at law) may dispose of all his (her) property or any part thereof in favor of any person having legal capacity to acquire the same.
heredero testamentario	a falta de *heredero testamentario* in the absence of a *testamentary heir*
declaratoria de herederos	*declaratoria de herederos* *declaration of heirship*
herencia	La *herencia* comprende todos los bienes, derechos y obligaciones de una persona que no se extinguen por su muerte. An *estate* includes all the property, rights and obligations of a person which are not extinguished by his death.
hijo de familia	Exceptúase el caso de un préstamo hecho al *hijo de familia*. Exception is made in the case of a loan made to an *unemancipated minor*.

I

identificar su persona

Se identificará su persona con dos testigos que le conozcan.

His (her) identity shall be established by two witnesses who know him (her).

idóneo

a falta de testigos *idóneos*

in the absence of *qualified (competent)* witnesses

igualdad

En la partición de la herencia se ha de guardar la posible *igualdad*, haciendo lotes o adjudicando a cada uno de los coherederos cosas de la misma naturaleza, calidad o especie.

In the partition of the estate, all *fairness* shall be observed by drawing lots or awarding to each of the coheirs things of the same nature, quality or kind.

ilegal

Cuando dicho daño o muerte se debe al acto *ilegal* o negligencia de otro . . .

When such injury or death is due to the *wrongful* act or negligence of another . . .

impedimento

la defensa afirmativa de *impedimento*

the affirmative defense of *estoppel*

impedimento legal

en ausencia, *impedimento legal* o muerte del padre

in the absence, *disqualification* or death of the father

impedir

No le *impide* ejercitar la acción de cobro contra . . .

impedir (cont.)	It does not *bar* him from bringing an action for recovery against...
	quedando *impedido* por sus propios actos de impugnar la fuerza probatoria del documento
	being *estopped* by his (her) own acts from challenging the probative force of the document
bajo el imperio	*bajo el imperio* del Código Civil de España
	under the Spanish Civil Code
imponerse como	Cuando el dolo, culpa o negligencia del arrendatario hagan tan evidente la infracción por éste cometida, que *se imponga como* necesidad perentoria e ineludible la restitución de la cosa al propietario...
	Where the deceit, fault or negligence of the lessee make the violation committed by him so manifest that restitution of the property to the owner *becomes* (imperative as) an absolute and unavoidable necessity...
carecer de importancia	El hecho de que... *carece de importancia.*
	The fact that... *is immaterial.*
tener importancia en lo relativo a	Tal alegación, sin embargo, *tendría importancia en lo relativo a* lo razonable de la cuantía especificada como daños.
	Such averment, however, *would have a bearing on* the reasonablenesses of the amount specified as damages.
importe razonable	reclamar y obtener el *importe razonable* de dichos servicios
	to sue for and recover the *reasonable value* of said services
imposibilidad	Cuando el testador no sepa o no pueda firmar, lo hará a su ruego y rubricará las hojas del testamento otra persona expresando la causa de la *imposibilidad.*
	When the testator does not know how or can not sign, another person shall do so for him at his request and attest thereto on every sheet, stating the cause of the testator's *inability* to do so himself.
impreciso	Cuando la alegación es tan vaga e *imprecisa* que...

impreciso (cont.)	Where the pleading is so vague and *uncertain* that . . .
papel impreso	En el presente caso se hizo un contrato en *papel impreso*.
	In this case the contract was drawn on a *printed form*.
improcedente	objeciones generales a los interrogatorios son *improcedentes*
	general objections to interrogatories are *unsustainable* (inadmissible)
impuesto	Los derechos reales enajenables con arreglo a las leyes, *impuestos* sobre bienes inmuebles, podrán ser objeto del contrato de hipoteca.
	Legally alienable real rights *attached* to real property may be subject matter of a mortgage contract.
impugnar	Acción para *impugnar* un testamento
	Action to *contest* a will
	con el propósito de contradecir o *impugnar* el testimonio dado por el deponente como testigo
	for the purpose of contradicting or *impeaching* the testimony of a deponent given as a witness
imputarse	Debe *imputarse* lo cobrado en los dos créditos a proporción de su importe.
	The sum collected must be *applied* to both loans in proportion to the amounts thereof.
imputarse de delito	Si el donatario *imputase* al donante alguno *de los delitos* que dan lugar a acusación pública . . .
	If the donee *charges* the donor *with* any of *the crimes* giving rise to an indictment . . .
ser inapelable	Las resoluciones del tribunal con motivo de los artículos . . . *serán inapelables*.
	No appeal shall lie from the decisions of the court under articles . . .

incapacitar

La declaración de concurso *incapacita* al concursado para la administración de sus bienes.

A declaration of bankruptcy *disqualifies* the bankrupt from administering his property.

incidir

Serán removidos de la tutela los que *incidan* en alguno de dichos casos de incapacidad.

Those who *come within the purview of* any of said instances of legal disability shall be removed from guardianship.

incluir

El pleito no *ha sido incluído* en el calendario para juicio.

The action (lawsuit) *has* not *been placed* on the trial calendar.

incoar

una demanda *incoada* contra personas ficticias

a complaint *filed* against fictitious persons

inconformidad

inconformidad en cuanto a aceptación limitada

dissent from qualified acceptance

incontrovertido

. . . debe sostenerse por hechos *incontrovertidos*

. . . must be supported by *undisputed* facts

incorporado

Se reputa principal, entre dos cosas *incorporadas,* aquella a que se ha unido por adorno o para su uso o perfección.

As between two things *joined together,* the principal thing shall be deemed to be the one to which the other has been joined for ornamentation or for the use or completion thereof.

incorporarse a los autos

solicitar pruebas que más tarde pueden *incorporarse a los autos* como evidencia

to ask for proofs which may later *be made part of the record* as evidence

bienes incorporeales

entrega de *bienes incorporeales*

delivery of *intangible assets*

incumbir

En caso de duda, *incumbe* la prueba al comodatario.

In case of doubt, the burden of proof *lies with* the bailor.

Terminología español-inglés en el área legal

incumbir (cont.)
La misma obligación *incumbirá* cuando . . .
The same obligation *shall devolve* upon him where . . .

incumplimiento del contrato
acción sobre *incumplimiento de contrato*
action for *breach* of contract

incuria
La defensa de *incuria* no debe prosperar cuando en derecho se fija un término prescriptivo para ejercitar la acción de que se trata.
The defense of *laches* should not succeed where a statute of limitations for bringing the action involved is prescribed by law.

incurrir en mora
Incurren en mora los obligados a entregar o hacer alguna cosa desde que el acreedor les exija judicial o extrajudicialmente el cumplimiento de su obligación.
Persons bound to deliver or do something *are in default* from the moment when the creditor judicially or extrajudicially demands fulfillment of their obligation.

incurrir en
Toda persona que . . . *incurrirá en* delito menos grave y, convicto que fuere, será castigado con pena de cárcel por no menos de noventa días ni más de un año.
Any person who . . . *shall be chargeable with* a misdemeanor and, upon conviction, shall be punished by imprisonment for not less than ninety days nor more than one year.

incurrir en error
Si en apreciación de la prueba no *se ha incurrido* en manifiesto error . . .
If no manifest error *was committed* in weighing the evidence . . .

encontrarse incurso en
La marca de fábrica *se encontraba incursa en* las prohibiciones previstas en . . .
The trademark *came within the purview* of the prohibitions provided for in . . .

inducción
La transacción no comprende sino los objetos expresados determinadamente en ella o que, por una *inducción* necesaria de sus palabras, deban reputarse comprendidos en la misma.
A compromise shall include only the object specifically stated therein or which by a necessary *inference* from its wording must be deemed included therein.

ineficaz	A falta de causa lícita quedará *ineficaz* el contrato. In the absence of a legal consideration a contract shall be *ineffective*.
inferir	Si el abuso de la cosa usufructuada *infiriese* considerable perjuicio al propietario . . . If the abuse of the property enjoyed in usufruct *causes* considerable loss to the owner . . .
ingerirse	los que *se ingieran* en la administración de la tutela sin haber prestado fianza those who *meddle* in the administration of a guardianship without posting bond
ingreso	la fecha de su *ingreso* a tal escuela the date of his (her) *admission* to such school
inhábil	personas *inhábiles* para actuar como testigos persons *not qualified* to act as witnesses Para que un testigo en un testamento sea declarado *inhábil*, es necesario que la causa de su incapacidad exista al tiempo de otorgarse el testamento. For a witness to a will to be declared *disqualified*, it is necessary that the cause of his disability exist at the time the will is made.
estar inhabilitado	a no ser que estuviera *inhabilitado* para administrar sus bienes unless he was *disqualified* from managing his property
resto insoluto	tener una cantidad suficiente para responder del *resto insoluto* to have an amount sufficient to satisfy the *unpaid balance*
a instancia de	*a instancia de* parte interesada *upon petition* of any party concerned
instar	la demanda *instada* bajo el inciso (b) de esta regla the complaint *filed* under subdivision (b) of this rule

instar (cont.)	Este pleito *se instó* por el vendedor condicional de un automóvil contra el comprador y sus fiadores.
	This suit *was brought* by the conditional seller of an automobile against the buyer and his sureties.
institución	Sucesión testamentaria es lo que resulta de la *institución* de un heredero o herederos contenida en un testamento otorgado conforme a la ley.
	Testamentary succession is that which results from the *appointment* of an heir or heirs contained in a will made in accordance with the law.
instituto o profesión	respecto a los establecimientos públicos que por su *instituto o profesión* prestan sobre prendas
	as regards public institutions which by reason of the *purpose of their establishment or their practice* loan money on pledge (collateral)
instituir	*Instituyo* por mis herederos a ——— y ———,
	I *appoint and constitute* as my heirs ——— and ———,
instituido en	El heredero *instituido en* una cosa cierta y determinada será considerado como legatario.
	An heir *appointed to take* a certain and specified thing shall be deemed a legatee.
íntegro	Si los sellos se hallaren *íntegros* . . .
	If the seals are *intact* . . .
errónea inteligencia	Ignorancia o *errónea inteligencia* de la ley no excusa de su cumplimiento.
	Ignorance or *misunderstanding* of the law is no excuse for noncompliance therewith.
intencionalmente	Si una parte *intencionalmente* dejare de comparecer . . .
	If a party *wilfully* fails to appear . . .
intentar acción	Hasta pasados nueve días después de la muerte del finado, no podrá *intentarse acción* contra el heredero para que acepte o repudie la herencia.

intentar acción (cont.)	Until nine days have elapsed from the death of the decedent, no *action may be commenced* against the heir to compel him to accept or repudiate his inheritance.
interesando	En moción *interesando* sentencia sobre las alegaciones . . . On motion *for* (or: *praying for*) judgment on the pleadings . . .
interesarse	La moción expresará el remedio u orden que *se interesa*. The motion shall set forth the relief or order *sought*.
interponer (acción)	La acción deberá *interponerse dentro* de cuarenta días. The action must *be brought* within forty days.
interpretarse	Nada de lo contenido en este capítulo *se interpretará* en el sentido de prohibir . . . Nothing contained in this chapter *shall be taken* (construed) to prohibit . . .
interpuesto	Si se *hubiere interpuesto* apelación contra la sentencia . . . If an appeal *has been taken* from the judgment . . .
interrogatorios de dúplica	Una parte podrá hacer entrega *de interrogatorios de dúplica*. A party may serve *recross interrogatories*.
con intervención de	Será necesaria la aprobación del juez del Tribunal Superior *con intervención* del fiscal. The approval of the judge of the Supreme Court *upon recommendation of* the District Attorney will be necessary.
por intervención de mandatario	En todo caso, los contratos efectuados *por intervención de mandatario* deberán constar en documento público. In any case, contracts made *through an agent* shall be recorded in a document duly registered with a notary public.
intervenir en	el hecho de que legatarios no *intervengan en* la escritura de partición de bienes hereditarios the fact that legatees *are not parties* to the deed of partition of an estate

interviniendo

interviniendo culpa del vendedor

where there is fault on the part of the seller

intimación

No será necesaria la *intimación* de un acreedor para que exista la mora.

A *demand* by a creditor is not necessary to a default.

inútil

Cuando cualquier beneficiario *inútil*, que no sea menor de edad, sea declarado capacitado por el tribunal . . .

When any beneficiary *under legal disability*, who is not a minor, is declared competent by the court . . .

J

jactancia
Los actos que según las Leyes de Partidas pueden dar lugar a la acción de *jactancia* . . .

Acts which, under the Partidas Laws, give rise to the action of *jactitation (slander of title)* . . .

jefe
la identidad y el cargo del *jefe inmediato* suyo

the identity and position of his inmediate *superior*

juego
las ganancias obtenidas por el marido o la mujer en el *juego*

earnings obtained by the husband or wife by *gambling*

juez
El *juez* asociado emitió la opinión del tribunal.

The associate *judge* delivered the opinion of the court.

juicio
El tribunal puede ordenar *juicios* por separado.

The court may order separate *trials*.

sentencia ganada en *juicio* de revisión

a judgment obtained on *retrial*

una demanda en *juicio* declaratorio

a complaint in an *action* for declaratory judgment

los que no estén en su sano *juicio*

those who are not of sound *mind*

juramento

Tal firma tiene el efecto legal de un *juramento* de conformidad con esta regla.

Such signature has the legal effect of an *oath*, in accordance with this rule.

El funcionario ante el cual se ha de tomar la deposición *administrará juramento al testigo*.

The officer before whom the deposition is to be taken *shall put the witness on oath* (or: *administer the oath to the witness*).

el *juramento* del cargo

the *oath* of office

prestar juramento

Si rehusare *prestar juramento*...

If he (she) should refuse *to be sworn* (or: *take an oath*)...

jurar

Deberá firmar y *jurar* una certificación haciendo constar...

He must sign and *acknowledge* a certificate setting forth...

dar jurisdicción

dar jurisdicción al tribunal sobre la persona del demandado

to vest the court with *jurisdiction* over the person of the defendant

ser de justicia

Dada la naturaleza del procedimiento, *era de justicia* que el caso se viera en sus méritos.

Given the nature of the preceedings *it was only fair* that the case be tried on its merits.

justificar

un documento acreditivo *que justifica* el sitio y la fecha de...

a document *establishing* the place and date of...

El contrato deberá *justificarse* satisfactoriamente.

The contract must be *proved* satisfactorily.

justiprecio

aunque no se hubiese hecho entonces su *justiprecio*

even though an *appraisal* was not made at the time

justo	Son *justas* causas para la desheredación. They are *sufficient* grounds for disinheritance.
de manera justa	aquella parte de ellas, una o más, que *de manera justa* constituya una adecuada representación de todas such of them, one or more, as will *fairly* constitute an adequate representation of all
juzgador	El *juzgador* debe considerar las admisiones contenidas en la contestación radicada en el caso. The *trial judge* must consider the admissions contained in the answer filed in the case. si bien los *juzgadores* deben dar cumplimiento estricto al inciso . . . although the *courts* must comply strictly with subdivision . . .
juzgar	*juzgar* la prueba *to weigh* the evidence Tenemos que *juzgar* si . . . We must *determine* whether . . . cómo *se juzgará* la intención how intent *is to be determined*

L

lanzar

recobrar daños y perjuicios por haber sido *lanzado* de la finca

to recover damages for having been *evicted* from the premises

laudo arbitral

... en procedimiento para hacer cumplir el *laudo arbitral*

... in proceedings to enforce the *arbitration award*

legado

adquirir por donación, herencia o *legado*

to acquire by gift, inheritance or *legacy*

legal

Será *legal* el que una persona celebre un contrato para ...

It shall be *lawful* for a person to make a contract for ...

a base de que la responsabilidad de los terceros ha terminado para todos los efectos *legales*

on the ground that the liability of third parties has terminated for all l*egal* purposes

legatario

No produce efecto el legado de cosa que al tiempo de hacerse el testamento fuere ya propia del *legatario,* aunque en ella tuviese algún derecho otra persona.

The legacy (bequest) of a thing which at the time the will was made already belonged to the *legatee* shall be of no effect, even though another person had some right thereto.

legislación

La Conferencia Nacional de Comisionados sobre *Legislación* Estatal Uniforme ...

The National Conference of Commissioners on Uniform State *Laws* ...

85

legítima

Legítima es la porción de bienes de que el testador no puede disponer por haberla reservado la ley a determinados herederos, llamados por esto "herederos forzosos."

Legitime is that portion of the property which the testator can not dispose of because the law has reserved it for certain heirs, called on that account "forced heirs".

derechos legitimarios

Las substituciones sólo serán válidas en cuanto no perjudiquen los *derechos legitimarios* de los herederos forzosos.

Substitution shall only be valid insofar as they do not prejudice the forced heirs' *rights as distributees of the legitime*.

legítimo

La sucesión *legítima* tiene lugar cuando . . .

Succession by *operation of law* takes place when . . .

la manifestación de un deudor reconociendo como *legítima* su firma

the statement of the debtor acknowledging his signature to be *authentic*

lesión

lesiones o muerte por acto ilegal

injury or death by wrongful act

. . . siempre que las personas a quienes representan hayan sufrido *lesión* en más de la cuarta parte del valor de las cosas que hubiesen sido objeto de los contratos

. . . provided that the persons they represent have sustained a *loss* of more than one fourth of the value of the things which were the object of the contract

letra

letra de cambio

bill of exchange (or: draft)

letra vencida

overdue *paper* (bill)

letra y firma

comprobar la identidad del testamento por medio de tres testigos que conozcan la *letra y firma* del testador

to prove the identity of the will by means of three witnesses who know the *handwriting and signature* of the testator

levantamiento

la fianza para el *levantamiento* de un embargo

the bond for *release* of an attachment

levantar un acta

Se levantará un acta contentiva de las manifestaciones de las partes comparecientes.

A record shall be made of the statements of the parties appearing.

levantar la cuestión

No puede *levantar la cuestión* de tácita reconducción.

He cannot *raise the issue* of implied renewal.

ley

la *ley* sobre la materia

the *act* governing the matter

leyes in pari materia

laws in pari materia

fuera de los casos de *ley*

save in the cases provided by *law* (or: except as provided by *law*)

liberación

la *liberación* hecha por el acreedor a uno de los fiadores

the *release* granted by the creditor to one of the sureties

librar

No le *libra* de su responsabilidad.

It does not *release* him from his liability.

licitador

su venta en subasta pública con admisión de *licitadores* extraños

the sale thereof at public auction with outside *bidders* admitted

limitar

El descubrimiento puede utilizarse para *limitar* las controversias.

Discovery may be utilized to *narrow* the issues.

Los interrogatorios no se *limitan* a obtener tan sólo información.

Interrogatories are not *confined* merely to obtaining information.

límite

El mandatario no puede traspasar los *límites* del mandato.

The *mandatary* (or: *agent, proxy*) may not exceed the *scope* of his authority.

litigar

Si la mujer que *litiga* por el divorcio ha dejado el domicilio del marido . . .

If a wife who *is suing* for divorce has left the domicile of her husband . . .

dar lugar

justas causas que *dan lugar* al divorcio . . .

sufficient grounds *for* (or: that *give rise* to) divorce . . .

declarar con lugar

La demanda *se declaró con lugar*.

The complaint *was sustained*.

declarar sin lugar

sentencia *declarando sin lugar* la demanda

judgment *dismissing* the complaint

establecer sin lugar a dudas

establecer sin lugar a dudas la fecha y sitio de nacimiento

to establish beyond a doubt the date and place of birth

tener lugar

para que pueda *tener lugar* la disposición de esta sección

for the provisions of this section to be *applicable*

LL

llamado
todos los parientes más próximos *llamados* por la ley

all the next of kin *designated* by law

llamamiento
Para que sean válidos los *llamamientos* a la substitución fideicomisaria, deberán ser expresos.

For *appointments* to substitution in trust to be valid, they must be express.

llamar
Si *llamare* el testador al usufructo a varias personas, no simultáneamente sino sucesivamente...

If the testator *designates* several persons to enjoy the usufruct not simultaneously, but successively...

llegar
llegar a la mayor edad

to attain one's majority

Si el valor de sus bienes no *llegare* a la mitad de su legítima...

If the value of her property should not *amount* to the moiety of her birthright portion...

llevar
El emplazamiento *llevará* el sello del tribunal.

The summons *shall be under* the seal of the court.

M

manera de vivir

las personas de mala conducta o que no tuvieran *manera de vivir* conocida

persons whose conduct is bad or who have no known *means of support*

manifestación

la *manifestación* del hipotecante

the *statement* of the mortgagor

manifestar

Será suficiente con que una parte *manifieste* al tribunal la acción que interesa que tome.

It shall be sufficient that a party *make known* to the court the action which he desires the court to take.

Si el vendedor conocía los vicios o defectos ocultos de la cosa vendida y no los *manifestó* al comprador...

If the vendor knew of the hidden faults or defects of the thing sold and did not *reveal* them to the vendee...

manifiesto

frutos *manifiestos* o nacidos

visible or grown fruits

estar a mano

Bajo estas reglas, el método de descubrimiento, incluyendo los interrogatorios, *está a mano*.

Under these rules, discovery, including interrogatories *is available*.

marcar

Esta sección *marca* taxativamente las facultades de los albaceas para el caso de que...

marcar (cont.)	This section specifically *prescribes* the powers of executors in the case of...
masa común	De la *masa común* se darán alimentos al cónyuge superviviente y a sus hijos. Support shall be furnished out of the *assets owned in common* to the surviving spouse and to his or her children.
masa hereditaria	El donatario tomará de menos en la *masa hereditaria* tanto como ya hubiese recibido. The donee shall take less from the *corpus of the estate* by as much as he has already received.
material	No es imprescindible alegar en la demanda daños *materiales*. It is not necessary to allege in the complaint *actual* damages. aunque su posesión *material* se haya transferido a... even though *actual* possession thereof may have been transferred to... en tal forma que constituya una renuncia a cualquier controversia *material* so as to constitute a waiver of any *factual* issue
materialmente	Aunque el testador no haya usado *materialmente* la palabra "heredero"... Even though the testator did not *actually* (or: as a matter of fact) use the word "heir"...
matrimonio	*matrimonio* natural common law *marriage* *matrimonio* canónico *marriage* performed by a clergyman *matrimonio* civil civil *marriage*
contraer matrimonio	Podrán *contraer matrimonio* mediante mandato con poder especial.

contraer matrimonio (cont.)	They may *marry* by proxy.
fuera del matrimonio	Hijos ilegítimos son los nacidos *fuera del matrimonio*.
	Illegitimate children are those born *out of wedlock*.
mayor de edad	personas *mayores de edad*
	persons *of legal age*
mediado	a no ser que hubiese *mediado* dolo
	unless fraud was *involved*
medianería	la servidumbre de *medianería*
	the servitude of *party walls*
medianero	pared *medianera*
	party wall
mediante	En todo caso, la división tendrá siempre lugar *mediante* alguna de las causas por las cuales se extingue la sociedad.
	In any case, partition shall always take place *for* any of the reasons for which a partnership is dissolved.
	mediante el pago de los derechos de inscripción necesarios
	by payment of the required registration fees
medios de fortuna	El marido debe proteger a la mujer y satisfacer sus necesidades en proporción a su condición y *medios de fortuna*.
	A husband shall protect his wife and satisfy her needs in proportion to his station in life and *resources*.
mejora	El padre o la madre podrán disponer a favor de alguno o algunos de sus hijos o descendientes de una de las dos terceras partes destinadas a legítima. Esta porción se llama *mejora*.
	A father or mother may bequeath or devise to one or more of his or her children or descendants one of the two thirds destined as the legitime. Such portion is called a *special bequest or devise supplementing a birthright portion*.
mejorado	El hijo o descendiente legítimo *mejorado* podrá renunciar la herencia y admitir la mejora.

mejorado (cont.)	A legitimate child or descendant, *beneficiary of a special bequest or devise supplementing his birthright portion*, may renounce the inheritance and accept the special bequest or devise supplementing his birthright portion.
menor edad	la excepción de *menor edad* the plea (or: defense) of *minority*
menoscabado	salvo lo que hubiese perecido o se hubiere *menoscabado* por el tiempo o por causa inevitable except for what may have been destroyed or *impaired* by time or unavoidable cause
menoscabo	Cuando la cosa se deteriora sin culpa del deudor, el *menoscabo* es de cuenta del acreedor. If the thing deteriorates without any fault of the debtor, the *loss* shall be borne by the creditor.
menudo	gastos *menudos* *petty* expenses
mientras	compensación *mientras* se termina el contrato compensation *pending* termination of the contract
mientras dure	*mientras dure* la sociedad *during the life* of the partnership
mientras no	Aunque la causa no se exprese en el contrato, se presume que existe y que es lícita *mientras no* pruebe lo contrario el deudor. Even though the consideration is not expressed in the contract it is presumed that it exists and that it is legal, *unless* (or: *until*) the debtor proves the contrary.
ministerio fiscal	los jueces, individuos del *ministerio fiscal*, secretarios de tribunales y juzgados y oficiales de justicia judges, members of the *department of public prosecution*, clerks of superior and inferior courts and officials of the justiciary
por ministerio de la ley	Adquirió su participación *por ministerio de la ley*.

por ministerio de la ley (cont.)   He acquired his share *by operation of law.*

mismo   uno o todos los artículos comprendidos en una *misma* clase de mercancía

one or all articles comprised in a *single* class of merchandise

o una copia fiel del *mismo*

or a true copy *thereof*

y en el *mismo* deberá hacerse una referencia en cuanto a...

and a reference shall be made *therein* as to...

mitad   La dote obligatoria a que se refiere la sección anterior consistirá en la *mitad* de la legítima rigurosa presunta.

The obligatory dowry referred to in the preceding section shall consist in a *moiety* of the presumptive strict birthright portion.

modalidad   La influencia indebida de la Ley Común es una de las varias *modalidades* del dolo del Derecho Civil.

Undue influence in the Common Law is one of the several *forms* of deceit in the Civil Law.

modelo   *modelos* para los certificados de matrimonio

forms for marriage certificates

moderar   Los tribunales podrán *moderar* la importancia de la indemnización según las circunstancias del caso.

The courts may *reduce* the amount of the indemnity according to the circumstances of the case.

molestar   El examen se está practicando de tal manera que sin razón alguna *molesta,* confunde u oprime al deponente.

The examination is being conducted in such manner as *to annoy,* perplex or oppress the deponent unreasonably.

de mora   una demanda en que se cobran intereses *de mora*

a complaint for recovery of *default* interest

constituirse en mora	a no ser que el comprador *se haya constituido en mora* unless the buyer *should be in default*
moral	siempre que no sean contrarios a las leyes, a la *moral* ni al orden público provided that they are not repugnant to law, *morality* or public policy
morosidad	salvo si hubiese habido *morosidad* en recibirla unless there has been *delay* in receiving it
motivo	...no es *motivo* para revocar ...is not a *ground* for reversal
con motivo de	Las resoluciones del Tribunal Superior *con motivo* de las secciones... serán inapelables. No appeals shall lie from the decisions of the Superior Court *under* Sections... daños y perjuicios que pueden ocasionarse *con motivo de* la cancelación de cualquiera de los permisos loss or damage that may be occasioned *by (reason of)* the cancellation of any of the permits
con tal motivo	*Con tal motivo* se desestimó la demanda enmendada. The amended complaint was dismissed *on this ground*.
móvil	atendido lo dudoso del propósito, *móvil* y buena fe in view of the doubtful purpose, *motive* and good faith
mujer	ante tres testigos mayores de edad, varones o *mujeres* before (or: in the presence of) three witnesses of legal age, male or *female*

N

nacer

Las obligaciones *nacen* de la ley, de los contratos y de . . .

Obligations *are created* by law, by contracts and by . . .

frutos manifiestos o *nacidos*

visible or *grown* fruits

narrar

La demandante *narró* los hechos alegados en la demanda.

The plaintiff *recited* the facts alleged in the complaint.

naturaleza

Una reconvención puede interesar remedio por cantidad mayor o de *naturaleza* diferente al solicitado en la alegación de la parte contraria.

A counterclaim may seek relief exceeding in amount or different in *kind* from that sought in the pleading of the opposing party.

necesario

Es *necesario* que un pagaré sea por escrito.

A promissory note *is required* to be in writing.

negación

Lo hará mediante una *negación* específica.

He shall do so by a specific *denial*.

negarse

cualquier persona que viole las disposiciones de esta sección *negándose* a . . .

any person violating the provisions of this section by *refusing* to . . .

negativa

negativa de inscripción tardía de nacimiento

denial of delayed birth registration

la *negativa* del Secretario de Salud a inscribir una solicitud de . . .

the *refusal* of the Secretary of Health to record an application for . . .

negligencia contributiva

la defensa afirmativa de *negligencia contributiva* . . .

the affirmative defense of *contributory negligence* . . .

hacer negocio

Si el solicitante reside o *hace negocios* en un país extranjero . . .

If the applicant resides or *does business* in a foreign country . . .

negociado

Negociado del Censo del Departamento de Comercio de los Estados Unidos

Bureau of the Census of the Department of Commerce of the United States

nombramiento de albacea o administrador testamentario

dentro de un año después del *nombramiento judicial del albacea o administrador testamentario*

within one year after the *issuance of letters testamentary or of administration*

nombre

a *nombre* o representación del acreedor . . .

in the *name* or on behalf of the creditor . . .

en su nombre

La posesión se ejerce en las cosas o en los derechos por la misma persona que los tiene y los disfruta, o por otra *en su nombre.*

Possession of things or rights is taken either by the very person who holds and enjoys them or by another *on his behalf.*

nota

una copia del contrato que contenga *nota* de su inscripción en el registro de ventas condicionales

a copy of the contract containing a *statement* of its registration in the Conditional Sales Register

nota al dorso

al recibir la declaración y *nota al dorso*

upon receipt of the declaration and *endorsement*

notificación

toda *notificación* escrita

every (any) written *notice*

notificar

La elección no producirá efecto sino desde que fuere *notificada*.

The election shall be effective only from the time it was *made known*.

notificar y entregar

Una parte litigante podrá *notificar y entregar* a cualquier parte adversa . . .

Any party may *serve* upon any adverse party . . .

novar

No *nova* el contrato.

It does not *novate* the contract.

hacer novedad

Ninguno de los socios puede, sin consentimiento de los otros, *hacer novedad* en los bienes inmuebles sociales.

None of the partners may *make an alteration* to the real property of the partnership without the consent of the others.

nulidad

nulidad de contratos

nullity of contracts

Es insuficiente para constituir causa de acción de *nulidad* de la cesión del crédito.

It's insufficient to constitute a cause of action for *annulment* of the assignment of the credit (or: loan).

nulo

Será *nulo* y sin valor.

It shall be *null* and void.

La venta será *nula* en cuanto a tercero si no se inscribe.

The sale shall be *void* as to third parties unless recorded.

O

óbice

Ello no es *óbice* para que el vendedor pueda recuperarlo.

Such fact does not *bar* the vendor from recovering.

objeción

El Secretario de Comercio puede rechazar el registro de una marca de fábrica a que se haya hecho *objeción*.

The Secretary of Commerce may refuse registration of any trademark against which *opposition* has been filed.

estar sujeto a *objeción*

to be *objectionable*

objeto

una demanda que alega que la hipoteca *objeto* de dicho procedimiento

a complaint alleging that the mortgage *involved* in said proceeding

obligación

Toda *obligación* consiste en dar, hacer o no hacer alguna cosa.

Every *obligation* consists of giving, doing or not doing (refraining from doing) something.

Será *obligación* de cada dueño...

It shall be *compulsory* for every owner...

constituirse en la obligación de

El albacea que acepta este cargo *se constituye en la obligación* de desempeñarlo.

An executor who accepts such office *is bound* to discharge the duties thereof.

obligar

Está *obligado* a conservar la cosa.

He is *bound* to preserve the thing.

Los cónyuges *están obligados* a vivir juntos, guardarse fidelidad y socorrerse mutuamente.

A husband and wife *shall have the duty* to live together and be faithful and helpful to each other.

Para que la sociedad *quede obligada* con un tercero por los actos de uno de los socios, se requiere que . . .

For a partnership *to be liable* to a third person for the acts of one of the partners, it is necessary that . . .

consentir en *obligarse* respecto de otra persona a . . .

to consent *to bind oneself* as regards another to . . .

Las leyes relativas a . . . *obligan a* . . .

Laws relating to . . . *shall be binding upon* . . .

obligatorio

Las reservas y condiciones son *obligatorias* para cualquier comprador subsiguiente.

The terms and reservations are *binding* upon any subsequent purchaser.

obra

El arrendamiento puede ser de cosas o de *obras* o servicios.

A hire may be of things, *labor* or services.

obrar

Cuando el mandatario *obra* en su propio nombre . . .

When an agent *acts* in his own name . . .

una copia que *obra* en su poder

a copy which *is* in his possession

contratista de obras

la acción instada por un *contratista de obras* en reclamación del precio de una *obra*

the action brought by a *building contractor* to recover the value of a *construction job* (performed by him)

Fue desheredado por haber maltratado el testador *de obra*.

He was disinherited for having *physically* mistreated the testator.

observar	toda persona que dejare de *observar* cualquiera de las disposiciones de . . .
	any person failing to *comply* with any of the provisions of . . .
	como podrá *observarse*
	as may *be seen*
	es de observar que
	it is to be noted that
obstaculizar	Cuando no obstante su pertinencia la parte que los solicita *obstaculiza* a su oponente con interrogatorios costosos y onerosos . . .
	When despite their relevancy, the moving party *harasses* his opponent with costly and burdensome interrogatories . . .
obstar	pero esta reducción (de las donaciones) no *obstará* . . .
	but this reduction (of the gifts) shall not *prevent* . . .
obtener	la substancia del testimonio que *se espera obtener* de cada persona examinada
	the substance of the testimony *expected to be elicited* from each person examined
	Las partes podrán *obtener* la comparecencia de testigos.
	The parties may *procure* the attendance of witnesses.
ocasionar	los gastos *ocasionados* al fiador . . .
	the expenses *incurred* by the surety . . .
oculto	vicios *ocultos*
	latent defects
ocupación	una copia del diligenciamiento en el cual consignará el lugar, día y hora de la *ocupación*
	a copy of the return of service on which he shall show the place, date and hour of the *seizure*
ocupar	El contratista es responsable del trabajo ejecutado por las personas que *ocupare* en la obra.
	A contractor is responsible for the work done by the persons he *employs* thereon.

ocupar (cont.)	El legatario no puede *ocupar* por su propia autoridad la cosa legada.
	The legatee can not *take possession* of the thing bequeathed by his own authority.
ocurrir	El mandatario, aunque renuncie al mandato con justa causa, debe continuar su gestión hasta que el mandante haya podido tomar las disposiciones necesarias para *ocurrir* a esta falta.
	Even if the agent withdraws for sufficient cause, he must continue as such until the principal is enabled to take the necessary steps to *make provision* for this deficiency.
	al ocurrir tal muerte
	at the time of such death
oferta	La persona responsable en segundo término quedará relevada por *oferta* de pago.
	The person secondarily liable will be discharged by *tender* of payment.
por oficio de piedad	a no constar que los dio *por oficio de piedad* y sin ánimo de reclamarlos
	unless it appears that he gave them *out of charity* and without intent to recover them
oído el fiscal	El menor de edad y huérfano de padre y madre puede obtener el beneficio de la mayor edad por concesión del tribunal de su domicilio, *oído el fiscal*.
	A minor who lost both his parents may obtain the benefit of majority granted by the court of his domicile, *upon recommendation* of the district attorney.
omisión	la *omisión* de especificar en la demanda el nombre del agente
	the *failure* to state in the complaint the agent's name
operación	las *operaciones* de ofrecimiento de pago, de requerimiento y consignación
	the *acts* of tender of payment, notice and consignation
opinión	Si no tiene conocimiento o información suficiente para formar *opinión* . . .

opinión (cont.)   If he has no knowledge or information sufficient to form a *belief* . . .

optar   *optar* por hacer una notificación personal
to *elect* to make personal service

orden   a fin de asegurar la *orden* reposesoria que se dicte
so as to secure the effectiveness of the *order* for repossession

la *orden* de arresto
the *warrant* of arrest

siempre que no sean contrarios a las leyes, a la moral, ni al *orden público*
provided that they are not repugnant to law, morality or *public policy*

por el *orden* inverso *de su antigüedad*
in the inverse *order of their priority*

ordenar   *Ordenará* que se lleve a cabo censos.
He shall *direct* that censuses be taken.

En resumen, la legislación vigente *ordena* a ciertas personas hacer la declaración de . . .
Summing up, the legislation in force *requires* certain persons to make the declaration of . . .

Esta sección *ordena* que . . .
This section *prescribes* that . . .

otorgar   cualquier pagaré *otorgado* por . . .
any promissory note *executed* by . . .

cualquier país extranjero que *otorgue* privilegios semejantes
any foreign country which *grants* similar privileges

El contrato para la impresión del libro *se otorgó* a . . .
The contract for the printing of the books was *awarded* to . .

En el caso de la tácita reconducción, cesan respecto de ella las obligaciones *otorgadas* por un tercero para la seguridad del contrato principal.

otorgar (cont.)

In the case of an implied renewal, the obligations *contracted* by a third person as security for the principal contract shall cease with regard thereto.

otorgamiento

30 días después de su *otorgamiento*

30 days after *execution* thereof

otorgante

El *otorgante* hará constar en la escritura de poder los siguientes extremos . . .

The *principal* shall set forth in the power of attorney the following information . . .

otro

Otra persona *que no sea* el comprador . . .

A person *other than* the buyer . . .

No se entenderá renunciada ninguna defensa u objeción por el hecho de haber sido acumulada a *otra u otras* defensas u objecciones en una alegación responsiva.

No defense or objection is waived by being joined *with one or more other* defenses or objections in a responsive pleading.

P

pacífico

El vendedor responderá al comprador de la posesión legal y *pacífica* de la cosa vendida.

The vendor (seller) shall warrant to the vendee (buyer) the lawful and *undisturbed* possession of the thing sold.

pacto

salvo *pacto* en contrario

in the absence of *agreement* to the contrary (or: unless otherwise agreed)

buen padre de familia

con la diligencia de un *buen padre de familia*

with the diligence (care) of *a prudent man*

pagaré

trato de letra de cambio como *pagaré*

treatment of bill (of exchange) as *promissory note*

paradero

sin noticias del *paradero* del ausente

with no news of the *whereabouts* of the absentee

parte

Los herederos, instituidos sin designación de partes herederán *por partes iguales*.

Heirs appointed without any designation of shares shall inherit *share and share alike*.

particular

El albacea puede ser universal o *particular*.

An executor may be general or *special*.

particular (cont.)	Este artículo sustituye un convenio expreso en cuanto al *particular*.
	This article takes the place of an express agreement on the *subject*.
partida	La *partida* de matrimonio prueba la celebración del matrimonio.
	A marriage *certificate* is proof of the celebration (performance) of the marriage.
partido	los parientes residentes en la misma localidad o dentro del *partido* judicial
	relatives residing in the same locality or within the judicial *district*
partir	con ánimo de *partir* entre sí las ganancias
	with the intention of *dividing* the profits among themselves
pasar a segundas nupcias	El padre o la madre que *pasare a segundas nupcias* . . .
	A father or mother who *remarries* . . .
pasar por alto	*Pasamos por alto* el hecho de que . . .
	Let us *disregard* the fact that . . .
patria potestad	La *patria potestad* se acaba: 1. Por la muerte de los padres o del hijo. 2. Por la emancipación. 3. Por la adopción del hijo.
	Parental authority is terminated: 1. By the death of the parents or of the child. 2. By emancipation. 3. By the adoption of the child.
penetrar	Nadie puede *penetrar* en propiedad privada para buscar aguas o usar de ellas sin licencia de los propietarios.
	No one may *trespass* on private property in search of waters or make use of them without permission of the owners.
pensión alimenticia	el pago de *pensiones alimenticias* atrasadas
	the payment of *alimony* in arrears
percatarse	sin *percatarse* del cambio radical hecho en 1943
	without *taking into account* the radical change made in 1943

perdidoso	la parte *perdidosa*
	the *defeated* party
perdón	el *perdón* o liberación de una deuda
	the *remission* or release of a debt
perecer	salvo lo que hubiere *perecido* o se hubiera menoscabado por el tiempo o por causa inevitable
	save (except) for whatever may have been *destroyed* or impaired by time or unavoidable cause
perecer del todo	Si la cosa legada *perece del todo*, viviendo el testador ...
	If the thing bequeathed *becomes a total loss* during the life of the testator ...
perfeccionarse	La venta *se perfeccionará* entre comprador y vendedor y será obligatorio para ambos, si ...
	The sale between buyer and seller *shall be consummated* and shall be binding on both of them, if ...
en perjuicio de	a no ser *en perjuicio* de tercero
	unless *prejudicial* to a third party
permanecer	Cuando el vendedor *permanece* en el goce y disfrute de la cosa vendida ...
	When the vendor *continues* in the use and enjoyment of the thing sold ...
permutante	Pero sólo podrá usar del derecho a recuperar la cosa que él entregó mientras ésta subsista en poder del otro *permutante*.
	But he can only make use of the right to recover the thing he delivered while it remains in the possession of the other *party to the exchange*.
perseguir	Los acreedores después de haber *perseguido* los bienes de que esté en posesión el deudor para realizar cuanto se les debe, pueden ...
	Creditors, after having *attached* the property of which the debtor may be in possession, in order to collect what is due them, may ...

pesar	fincas sobre las cuales *pesan* contribuciones vencidas
	rural real estate *encumbered* by delinquent taxes
peso	el *peso* de la prueba
	the *burden* of proof
persona incierta	Toda disposición en favor de *persona incierta* será nula.
	Any provision in favor of an *unidentifiable* person shall be void.
persona natural o jurídica	bienes en poder de cualquier *persona natural o jurídica*
	property in the possession of any *natural or juristic (artificial) person*
personalidad	La madre de una heredera emancipada por el matrimonio no tiene *personalidad* como tal madre para conceder una prórroga del albaceazgo en nombre de su hija.
	The mother of an heiress emancipated by marriage has no *legal status* (or: capacity) as such mother to extend the term of the executorship on behalf of her daughter.
de su pertenencia	Son bienes propios de cada uno de los cónyuges los que aporte al matrimonio como *de su pertenencia*.
	Property brought to the marriage as *his or her own* is the separate property of each of the spouses.
pesquisa	En todo caso queda prohibida la *pesquisa* de la fortuna de los padres para determinar la cuantía de la dote.
	In any case, it is prohibited to make an *investigation* with regard to the fortune of the parents in order to determine the amount of the dowry.
al pie de la letra	Anotará las contestaciones *al pie de la letra*.
	He shall record the answers *verbatim*.
quedar en pie	De lo contrario, su obligación de pagar *queda en pie*.
	Otherwise, his obligation to pay *still stands*.

pignorar

Es requisito esencial de los contratos de prenda e hipoteca que la cosa *pignorada* o hipotecada pertenezca en propiedad al que la empeña o hipoteca.

It is an essential requirement of contracts of pledge and of mortgage that the thing *pledged* or mortgaged be owned by the person who pledges or mortgages it.

pista

informaciones que puedan servir de *pista* para hallar evidencia que pueda utilizarse en el juicio

information which might serve as a *clue* and lead to evidence that may be used at the trial

plantear

plantear cuestiones de derecho

to raise questions of law

pliego

El testador manifestará que el *pliego* que presenta contiene su testamento.

The testator shall declare that the *envelope* he presents contains his will.

poder

durante el tiempo en que estos estuvieren en *poder* del comprador condicional

during the time they were in the *possession* of the conditional buyer

bajo el poder de

La posesión de la cosa mueble no se entiende perdida mientras se halle *bajo el poder* del poseedor.

Possession of a movable is not deemed lost so long as it remains *under the control* of the possessor.

escritura de poder

El otorgante hará constar en la *escritura de poder* los siguientes extremos: . . .

The principal shall set forth in the *power of attorney* the following information: . . .

ponerse en poder y posesión

Se entenderá entregada la cosa vendida cuando *se ponga en poder y posesión* del comprador.

A thing sold shall be deemed delivered when *it is placed in the possession and control* of the buyer.

poder judicial y poder legislativo

El *poder judicial* no puede suplir la acción del *poder legislativo* imponiendo condiciones sobre las cuales este último se ha abstenido de legislar.

The *judiciary* cannot supply the action of the *legislature* by imposing conditions upon which the latter has abstained from legislating.

quedar en poder

El remanente que resultare *quedará en poder* del vendedor.

The balance thereof *shall be held* by the vendor.

poner

Si el que contrató la obra se obligó a *poner* el material . . .

If the one who contracted for the work bound himself to *furnish* the materials . . .

ponerse de acuerdo

Si no *se ponen de acuerdo* . . .

If they *disagree* (or: *do not come to an agreement*) . . .

poner en conocimiento de

poniéndolo en conocimiento del dueño directo

by giving notice thereof to the legal owner

ponerse por escrito

Esta declaración jurada *se pondrá por escrito*.

Such sworn statement shall be *reduced to writing* (or: *set forth in writing*).

pormenores

que incluirá aquellos *pormenores* que estuvieren dentro de su peculiar conocimiento

which shall include such *particulars* as are within his own personal knowledge

poseedor

poseedor de buena fe

holder in good faith

posesión

Posesión natural es la tenencia de una cosa o el disfrute de un derecho por una persona.

Natural possession is the holding of a thing or the enjoyment of a right by a person.

Posesión civil es esa misma tenencia o disfrute, unidos a la intención de haber la cosa o derecho como suyos.

Civil possession is the same holding or enjoyment accompanied by the intent to hold the thing or right as one's own.

posesión (cont.)

posesión constructiva

constructive *possession*

posesión material

actual *possession*

posponer

El gestor de negocios responderá cuando hubiese *pospuesto* el interés del dueño al suyo propio.

One who has assumed the management of the affairs of another shall be held accountable if he has *subordinated* the owner's interest to his own.

sin posteridad

hijos o descendientes muertos *sin posteridad*

children or descendants who died *without issue*

en precario

El que no posea un terreno a título de dueño sólo puede poseerlo a virtud de contrato o *en precario*.

A holder of a piece of land who is not its owner may only have possession thereof under a contract or by *tenancy at will* (or: *tenancy at sufferance*).

precarista

Sea cual fuere su tiempo de posesión de un inmueble, un *precarista* no puede adquirir derecho alguno de propiedad al mismo por prescripción.

No matter how long he may have been in possession of a piece of real property, a *tenant at will* (or: *tenant at sufferance*) cannot acquire any title thereto, by prescription.

precepto

por el incumplimiento de este *precepto* dentro del término señalado

for failure to comply with this *provision* within the specified time

No existe *precepto* alguno que disponga . . .

There is no *law* providing for . . .

lo preceptuado

según lo *preceptuado* en este título

as *provided* in this title

por precio alzado	una venta hecha por *precio alzado* a sale made for a *lump sum*
precio de afección	Si no quiere el propietario que se vendan algunos muebles por su mérito artístico o porque tengan un *precio de afección* ... If the owner does not want certain pieces of furniture to be sold because of their artistic merit or because they have a *sentimental value* ...
predio	el arrendamiento de un *predio* rústico the lease of a rural *tenement* volver a entrar en posesión del *predio* enajenado to retake possession of the *land* conveyed
predio dominante y predio sirviente	El inmueble a cuyo favor está constituida la servidumbre se llama *predio dominante;* el que la sufre *predio sirviente*. An immovable (or: real property) in favor of which a servitude is created is called the *dominant tenement;* the one subject thereto, is called the *servient tenement*.
prelación	sin perjuicio de la *prelación* respectiva de los créditos without prejudice to the respective *priority* of the credits
dar en prenda	la cosa *dada en prenda* por el deudor the thing *furnished as a pledge* (collateral) by the debtor
prescribirse	mientras no *se prescriba* la acción para reclamar la herencia so long as the action to claim the inheritance is not *time-barred*
prescripción	La *prescripción adquisitiva* del dominio y la *prescripción extintiva* de la acción son distintas, así como también las reglas para su interrupción. *Prescription by which title is acquired* and *prescription by which actions are barred* are different and so are the rules for their tolling (interruption).
prescripción de las acciones	La *prescripción de las acciones* tiene por objeto proteger a los ciudadanos contra viejas y molestosas reclamaciones y poner fin a la posibilidad de litigios después de un lapso de tiempo razonable.

prescripción de las acciones (cont.)   The *statute of limitations* is designed to protect citizens from stale and vexatious claims and to put an end to the possibility of litigation after the lapse of a reasonable time.

término prescriptivo   El *término prescriptivo* de tres años empieza a correr desde que . . .

The three year *limitation-period* begins to run from the time that . . .

prescrito   Toda condición cuyo cumplimiento tarde más de treinta años se tendrá por *prescrita*.

Any condition not fulfilled within thirty years shall be deemed *time-barred* (or: barred by the statute of limitations).

presentar   La prueba del demandado se examinó y se concluyó que no *presenta* un caso de la diligencia exigida a un buen padre de familia a los efectos de esta sección.

The evidence introduced by the defendant was examined and it was held that it does not *make out* a case of the care required of a prudent man within the purview of this section.

en los casos en que *se presente* una oposición

in cases where notice of opposition *is filed*

prestación   En las obligaciones de no hacer, la divisibilidad o indivisibilidad de ellas se decidirá por el carácter de la *prestación* en cada caso particular.

In obligations not to do anything, the divisibility or indivisibility thereof shall be decided by the nature of the *performance required* in each particular case.

Los demás contratos en que la cuantía de las *prestaciones* de uno o de los dos contratantes exceda de 300 dólares.

All other contracts in which the amount of the *payments* of one or of both contracting parties exceeds $300.

en el caso de que se viese obligado al pago de *prestaciones periódicas*

in case he should become obligated to make *periodical payments*

Si el vendedor condicional obtiene reposesión de la cosa vendida por *prestación de fianza* . . .

If the conditional seller repossesses the property sold by *posting a bond* . . .

prestar

prestar un servicio

to render (perform) a service

prestar juramento

to take an oath (or: to be *sworn*)

prestar consentimiento

to give consent

prestar dinero

to lend money

prestar una fianza

to post a bond

pretender

Cuando una persona, basándose en las prescripciones de este capítulo, *pretenda* aprovecharse de dichas prescripciones . . .

When a person, relying on the provisions of this chapter, *seeks* to avail himself of these provisions . . .

el precio definitivo en que *pretende* enajenar el dominio de su finca

the final price at which he *contemplates* conveying title to his land

preterido

la obligación de pagar al *preterido* la parte que proporcionalmente le corresponda

the obligation to pay to the *pretermitted heir* (or forced heir left out of the will) the proportionate share due him

prevalecer

Las leyes sólo se derogan por otras leyes posteriores y no *prevalecerá* contra su observancia el desuso, la costumbre o la práctica en contrario.

Laws shall only be repealed by subsequent laws; and disuse custom or practice to the contrary *shall* not *prevail* against their observance.

prevenir

En todo lo que no esté expresamente *prevenido* por las disposiciones de . . . se estará a lo mandado en la ley de . . .

Anything not expressly *prescribed* by the provisions of . . . shall be governed by the law of . . .

previo Podrá contraer matrimonio *previo* el consentimiento de sus padres.

(He) (She) may contract marriage *with the prior* consent of (his) (her) parents.

proceder Si hubiera *procedido* de mala fe ...

If he had *acted* in bad faith ...

proceder de El matrimonio es una institución civil que *procede de* un contrato civil.

Marriage is a civil institution *arising out of* a civil contract.

Procedía denegar el auto.

It was proper to deny the writ.

procurarse su subsistencia No puede *procurarse su subsistencia*.

He cannot *provide for himself*.

pródigo Los que por sentencia firme hubiesen sido declarados *pródigos* o ebrios habituales.

Persons who have been declared *spendthrifts* or habitual drunkards by a final judgment of a court.

producir Si la deuda *produce* interés ...

If the debt *bears* interest ...

producir sus efectos las donaciones que hayan de *producir sus efectos* por muerte del donante

gifts which are *to take effect* upon the death of the donor

promover Los albaceas *promoverán* la venta de los bienes muebles.

The executors *shall cause* the personal property (chattels) to be sold.

promoverse Si la citación se hiciere en el distrito en que *se promueve* la acción ...

If the summons is served in the district in which the action *is brought* ...

proponerse	cosas distintas y casos diferentes de aquellos sobre los que los interesados se *propusieron* contratar
	things and cases different from those regarding which those concerned *intended* to contract
propósito	Si no tiene conocimiento del *propósito* fraudulento . . .
	If he has no knowledge of the fraudulent *intent* . . .
propugnarse	El título de prescripción cuando *se propugna* como defensa, debe ser alegado y probado.
	Title by prescription, when *relied upon* as a defense must be pleaded and proved.
prospectivo	La Ley Número . . . según fue enmendado por la Ley Número . . . no tiene efecto retroactivo sino *prospectivo*.
	Act No. . . . as ammended by Act No. . ., is not retroactive, but *prospective*.
protocolización	Para la apertura y *protocolización* del testamento cerrado se observará lo prevenido en la ley de enjuiciamiento civil.
	For the opening of a closed will and its *filing in a notarial record book,* the provisions of the Code of Civil Procedure shall be observed.
provenir	a no ser que la destrucción *haya provenido* de la mala calidad de los materiales
	unless the destruction *was due* to the poor quality of the materials
providencia	Los tribunales deberán adoptar las *providencias* que estimen convenientes.
	The courts shall adopt such *measures* as they deem proper.
providencia judicial	La separación de bienes entre los cónyuges durante el matrimonio no tendrá lugar sino en virtud de *providencia judicial*.
	There shall be no separation of property between spouses during marriage except by virtue of a *court order*.
prudencial	siempre que se hiciera dentro de un término *prudencial*
	provided that it is made within a *reasonable* length of time

prueba

empleo de *prueba* pericial

use of expert *testimony*

admisibilidad de la *prueba* de testigos

admissibility of the *testimony* of witnesses

prueba testifical

testimony of witnesses

suficiencia de *prueba*

sufficiency of *evidence*

poner a prueba

La moción... *pone a prueba* la suficiencia de la demanda.

The motion to... tests the sufficiency of the complaint.

acción pública

Se puede transigir sobre la acción civil proveniente de un delito; pero no por eso se extinguirá la *acción pública* para la imposición de la pena legal.

A civil action arising from a crime may be settled; but the *criminal action* for imposition of the penalty of the law shall not be extinguished thereby.

puesto

La sucesión legítima tiene lugar cuando falta la condición *puesta* a la institución de heredero o...

There is legal (intestate) succession when the condition *attached* to the appointment of an heir fails or...

estar en pugna con

todas las disposiciones de este título que *están en pugna con* los artículos...

all the provisions of this title that *are in conflict with* articles...

pupilo

la disposición testamentaria del *pupilo* a favor de su tutor

the testamentary provision of a *ward* in favor of his (or her) guardian

purificar

La confirmación *purifica* el contrato de los vicios de que adoleciera desde el momento de su celebración.

Confirmation *purges* the contract of all the defects with which it was tainted from the time it was made.

puro   El fideicomiso puede ser particular o universal, *puro* o condicional, a día cierto, por tiempo determinado o durante la vida del fideicomitente, del fiduciario o del fideicomisario.

A trust may be special or general, *simple* or conditional, for a certain day, for a fixed term or for the life of the settlor, the trustee or the cestui que trust (beneficiary).

Los contratos de prenda e hipoteca aseguran toda clase de obligaciones, ya sean *puras* ya estén sujetas a condición suspensiva o resolutaria.

Contracts of pledge and mortgages may be security for all kinds of obligations whether *absolute* or subject to conditions precedent or subsequent.

Q

quebrantamiento Cuando como resultado del *quebrantamiento* de un contrato varias personas alegan . . .

When as a result of a *breach* of contract several persons claim . . .

quedar Si no *quedaron* hijos a la fecha de la disolución del matrimonio . . .

If there *were* no children on the date of dissolution of the marriage . . .

El mandatario debe intereses de las cantidades que aplicó a usos propios desde el día en que lo hizo, y de las que *quede* debiendo después de fenecido el mandato, desde que se hayan constituido en mora.

An agent shall owe interest on sums he has applied to his own use, from the day he did so, and on those he *still* owes after termination of the agency, from the time he was in default.

Quedando hijos de uno o más hermanos del difunto, heredarán a éste por representación si concurren con sus tíos. Pero si concurren solos, heredarán por partes iguales.

Where children of one or more siblings of the deceased *survive,* they shall succeed the latter by representation if uncles and aunts also survive. But if they alone survive, they shall inherit share and share alike.

quedar libre El depositario de los bienes u objetos secuestrados no puede *quedar libre* de su cargo hasta que . . .

The bailee of the property or things sequestered can not *be released* from his charge until . .

quedar sin efecto

Las leyes prohibitorias concernientes a las personas, sus actos o sus bienes, y las que tienen por su objeto el orden público y las buenas costumbres, no *quedarán sin efecto* por las leyes o sentencias dictadas, ni por disposiciones o convenciones acordadas en países extranjeros.

Prohibitory laws relating to persons, their acts or property, and those which relate to public policy and "bonos mores" shall not be *nullified* by laws enacted or judgments rendered, nor by provisions or agreements made in foreign countries.

querella
   querellado
      querellante

En las *querellas* en reclamación de salarios, la incomparecencia del *querellante* al acto de juicio no es motivo para desestimar dichas *querellas,* si la parte *querellada* deja entonces de solicitar ese remedio.

In *actions* for wages, the failure of the *plaintiff* to appear at the trial is not a ground for dismissal of such *actions,* if the *defendant* then fails to move therefor.

quita

la *quita* o remisión de la deuda hecha por el acreedor

the reduction or remission of the debt granted by the creditor

quita y espera

El deudor puede solicitar judicialmente de sus acreedores *quita y espera* de sus deudas o cualquiera de las dos cosas.

A debtor may judicially apply to his creditors for a *reduction in the amount of his debts and an extension of time for payment thereof* or for either of the two.

R

radicación la *radicación* de un escrito de apelación
the *filing* of an appeal

radicar Una acción civil se inicia *radicando* una demanda en el tribunal.
A civil action is commenced by *filing* a complaint with the court.

bienes aquí *radicados*
property *located* here

ramo Se regirán por las ordenanzas y reglamentos del *ramo*.
They shall be governed by the ordinances and regulations *pertaining thereto*.

realización documento negociable pagadero después de la *realización* de un suceso determinado
negotiable instrument payable upon the *occurrence* of a specified event

realizar El acreedor puede compeler al deudor a que *realice* la entrega.
The creditor may compel the debtor to *effect* delivery.

La entrega de pagarés a la orden sólo producirá los efectos del pago cuando hubiesen sido *realizados*.
The delivery of promissory notes to order shall only become effective as payment when they are *collected*.

en el distrito donde resida o estuviese empleado o *realizase* sus negocios en persona
in the district in which he resides or is employed or *conducts* his business in person

realizar (cont.)	el poder de *realizar* cualquier acto y tomar cualquier medida the power to *do* any act and take any measure
	los motivos por los cuales no *realizó tales gestiones* the reasons why he (she) *did not take such steps*
	actos torticeros *realizados* por . . . tortious acts (or: torts) *committed* by . . .
realizarse	derechos del comprador si se *realiza* la evicción rights of the buyer if eviction *takes place*
	mientras esto no *se realice* until this *is done*
reasignar	caso *reasignado* 11 de diciembre de 1957 case *resubmitted* 12/11/57
rebatir	Tal presunción puede ser *rebatida* mediante prueba. Such presumption may be *overcome* (rebutted) by proof.
rebeldía	una sentencia dictada en *rebeldía* a *default* judgment
recargar	evitándose así *recargar* indebidamente a los tribunales thus avoiding the undue *burdening* of the courts
reclamante	a menos que la pérdida de la cosa hubiese ocurrido por dolo o culpa del *reclamante* unless the loss of the thing occurred by fraud or fault of the *plaintiff*
reclamar	Cuando la culpa esté de parte de ambos contratantes, ninguno de ellos podrá repetir lo que hubiera dado a virtud de contrato, ni *reclamar* el cumplimiento de lo que el otro hubiese ofrecido. Where both parties to a contract are at fault, neither of them can demand the return of what he has given by virtue of the contract, nor *sue for* fulfillment of what the other had offered

reclamar (cont.)	El no culpado podrá *reclamar* lo que hubiese dado.
	The one who is not at fault may *sue for recovery of* what he has given.
reclamar en juicio	La parte con derecho a la remuneración podrá *reclamar en juicio* y obtener de la otra parte el importe razonable de dichos servicios.
	The party entitled to remuneration may *sue* and recover from the adverse party the reasonable value of such services.
recobrar	acción para *recobrar* la posesión de bienes muebles
	action in *replevin* (=action to recover possession of personal property)
reconducción	un contrato de arrendamiento prorrogado por tácita *reconducción*
	a lease extended by implied *renewal*
reconocer	haciendo uso del derecho *reconocido* por las secciones ... y por el contrato
	exercising the right *granted* by sections ... and by the contract
reconocimiento	*reconocimiento* por el librador de capacidad del tomador
	drawer's *admission* of payee's capacity
	acción sobre *reconocimiento* de hijo natural
	action for *acknowlegment* of an illegitimate child
reconvención y reclamación recíproca	cualquier *reclamación recíproca, reconvención* o materia que constituya una exoneración o defensa afirmativa
	any *counterclaim, cross-claim* or matter constituting an avoidance or affirmative defense
recurrir	La parte interesada *recurrirá* al Tribunal Superior.
	The party concerned shall *resort* to the Superior Court.
rechazar	El tribunal sentenciador puede en su discreción *rechazar* los interrogatorios.

rechazar (cont.)	The trial court may in its discretion *disallow* interrogatories.
redactar	El notario *redactará* el testamento. The notary *shall draw* the will.
redundar	*redundar* a beneficio del tenedor *to enure* to the benefit of the holder
refundirse	El legado *se refundirá* en la masa de la herencia. The legacy *shall be merged back* into the corpus of the estate.
régimen	bajo el *régimen* del Código Civil under the *provisions* of the Civil Code
regir	desde la fecha en que *empiecen a regir* los artículos . . . from the date on which articles . . . *take effect*
registrar	El tribunal podrá *registrar* una sentencia en rebeldía contra dicha parte. The court may *enter* judgment by default against that party.
registro del estado civil	El *registro del estado civil* comprenderá las inscripciones o anotaciones de nacimientos, matrimonios, emancipaciones, reconocimientos, legitimaciones y defunciones, y estará a cargo de los secretarios de los municipios. The *registry of civil status* shall be comprised of the records or entries of births, marriages, emancipations, acknowledgments and legitimations and deaths and shall be in the charge of clerks of municipalities.
registro de la propiedad	El *registro de la propiedad* tiene por objeto la inscripción o anotación de los actos o contratos relativos al dominio y demás derechos reales sobre bienes inmuebles. The *registry of property* has for its purpose the entry or recording of documents or contracts relating to ownership and other real rights to inmovables.
registros y secuestros ilegales	Hubo *registros y secuestros ilegales*.

registros y secuestros ilegales (cont.)

There were *illegal searches and seizures*.

rehabilitar en sus derechos

Será rehabilitado el concursado *en sus derechos* terminado el concurso, si de la calificación de éste no resultase causa que lo impida.

A bankrupt *shall be reinstated in his rights* (or: be discharged) upon termination of bankruptcy proceedings if no cause preventing it should arise from the adjudication of bankruptcy.

reivindicación

Cuando el demandado en *reivindicación* alega ser dueño a título de permuta . . .

Where the defendant in an action for *replevin* (recovery) claims to be the owner by exchange . . .

acción reivindicatoria

acción reivindicatoria de propiedad inmueble

action for the recovery of real property

relación

exigir y recibir una *relación* escrita

to demand and obtain a written *report*

en *relación* con el inciso (a) de la misma regla

with *reference* to subdivision (a) of the same rule

Los interrogatorios deben tener alguna *relación* con el asunto de la acción ejercitada.

Interrogatories must have some *bearing* on the subject matter of the action.

Las sentencias no contendrán una *relación* de las alegaciones.

Judgments shall not contain a *recital* of the pleadings.

relatar

los incapaces de *relatar* los hechos con exactitud

those incapable of *giving an* exact *account* of the facts

relativo

un certificado . . . *relativo* a que . . .

a certificate . . . *stating* that . . .

relevación

el tutor nombrado con *relevación* de fianza

a guardian appointed with *exemption* from furnishing bond

relevo

el *relevo* o descargo otorgado por el demandante

the *release* or discharge given by the plaintiff

remate

Los acreedores particulares de cada socio pueden pedir el embargo y *remate* de la parte de éste en el fondo social.

Private creditors of each partner may demand the attachment and *sale at auction* of the latter's share in the partnership capital.

remedio

El tribunal concederá *remedio* en esa acción.

The court will grant *relief* in that action.

acumulación de *remedios*

joinder of *remedies*

renacer

Si dejare de cumplirlo, *renacerá* el derecho de los acreedores por las cantidades que no hubiesen recibido de su crédito primitivo.

If he should fail to comply therewith the rights of the creditors *shall revive* for the sums of their original loan they have not received.

renuncia

la defensa afirmativa de *renuncia*

the affirmative defense or *waiver*

renunciar

Y si así lo hiciere se considerará que *ha renunciado* a sus derechos bajo esta ley.

And if he should do so, he shall be deemed to have *waived* his rights under this act.

poner reparo

sin que la parte a quien se rendían las cuentas les *pusiera reparo* alguno

without the party to whom the accounts were rendered having *raised any objection*

repartirse

Las pérdidas y ganancias *se repartirán* en conformidad a lo pactado.

Losses and profits shall be *apportioned* in accordance with what has been agreed upon.

repartirse (cont.)	los dos últimos dividendos que *se han repartido*
	the last two dividends (that were) *declared*
repetición	Si el pago hubiere consistido en una cantidad de dinero o cosa fungible, no habrá *repetición* contra el acreedor que la hubiese gastado o consumido de buena fe.
	If payment consisted of a sum of money or a consumable thing, there can be no *action for recovery* against the creditor who has spent or consumed it in good faith.
réplica	El demandante notificará su *réplica* a una reconvención contenida en la contestación.
	The plaintiff shall serve his *replication* to a counterclaim contained in the answer.
repregunta	El examen directo y la *repregunta* de los deponentes podrá practicarse de acuerdo con lo que para el acto de juicio provee la regla...
	Direct examination and *cross-examination* of deponents may proceed in accordance with the provisions of Rule... governing (the conduct of) trials.
requerimiento	Si el arrendamiento se ha hecho por tiempo determinado concluye el día prefijado sin necesidad de *requerimiento*.
	If the lease was made for a specified time, it expires on the preset day without need of any notice.
	requerimiento de pago
	demand for payment
requerir	después de *haber sido requerido* para el pago
	after *formal demand* for payment *has been made* on him
rescindirse	Los contratos válidamente celebrados pueden *rescindirse* en los casos establecidos por la ley.
	Contracts validly executed may be *rescinded* in the cases prescribed by law.
acción rescisoria	La *acción rescisoria* del contrato es un beneficio que arrendador y arrendatario pueden aprovechar si les place.

acción rescisoria (cont.)

The *action to rescind* the contract is a privilege which the lessor and lessee may exercise at their pleasure.

residir

La propiedad de una cosa *reside* siempre en el que tiene sobre ella el inmediato dominio.

The ownership of a thing is *vested* in the person who has the immediate title thereto.

resolución

Cuando en dicho procedimiento surge *resolución* final, tal resolución es apelable.

When in such proceedings a final *decision* is reached, such decision is appealable.

resolver

el derecho del vendedor a *resolver* la venta y recobrar la posesión de lo vendido

the right of the seller to *rescind* the sale and recover possession of the thing sold

Es cuestión que no puede considerarse y *resolverse* en apelación.

It is a question that cannot be considered and *decided* on appeal.

Se resolvió: Que . . .

Held: That . . .

con respecto a

La venta no puede considerarse como absoluta *con respecto a* un comprador subsiguiente.

The sale cannot be deemed absolute *as regards* a subsequent purchaser.

responder

Contrato de seguro es aquel por el cual el asegurador *responde* del daño fortuito que sobrevenga en los bienes muebles o inmuebles asegurados.

An insurance contract is one under which the insurer *undertakes to make good for* accidental damage which may occur to the personal or real property insured.

Un título destinado a garantizar un crédito por el que *responde* única y exclusivamente la propiedad.

An instrument intended to guarantee a loan for which the property *is the* sole and exclusive *collateral*.

responsable	En tal caso éste será además *responsable* de los daños y perjuicios. In such case the latter shall also be *liable* for damages.
resultar	Si las personas constitutivas de una clase fueren tan numerosas que *resultase* impracticable someterlas todas a la jurisdicción del tribunal . . . If the persons constituting a class are so numerous that *it becomes* impracticable to bring them all before the court . . .
hacer un resumen	En este pleito, el tribunal "a quo" *hizo un resumen* de la prueba. In this suit, the lower court *summarized* the evidence.
retracto	una demanda de *retracto* legal de comunero complaint by a co-owner for legal *redemption*
retrotraerse a	*Se retrotrae* a la fecha de dicho ofrecimiento de pago. It *dates back* to the time of said tender of payment.
reunir	fiador que *reúna* las cualidades exigidas a surety who *meets* the qualifications required
revestir de	una persona *revestida de las condiciones externas* de acreedor verdadero a person *having the apparent status* of a true creditor
revocación	la confirmación o *revocación* de la sentencia the affirmation or *reversal* of the judgment
revocar	sentencia *revocada* y devuelto el caso para ulteriores procedimientos judgment *reversed* and case remanded for further proceeding
robustecer	*Robustece* esta conclusión el hecho de que . . . This conclusion is *strengthened* by the fact that . . .

S

hacer saber

siempre que hubiese *hecho saber* su aceptación

provided that he has *given notice* of his acceptance

hasta la saciedad

probar las circunstancias de... *hasta la saciedad*

to prove the facts of... *to full satisfaction*

sala

la *sala* competente del Tribunal Superior

the competent *part* of the Superior Court

salario

Si el principal despide al empleado sin justa causa, debe indemnizarle pagándole el *salario* devengado.

If the employer dismisses the employee without sufficient cause, he must compensate him by paying him accrued *wages*.

saldar la deuda

...no surte el efecto de *saldar la deuda*

...does not operate to *discharge the debt*

salvar

...después de *salvar* las palabras enmendadas, tachadas o escritas entre renglones

...after *certifing* the words corrected, erased or written between the lines

salvo

salvo pacto en contrario

unless otherwise agreed

salvo lo dispuesto en la sección...

except as provided in section...

salvo (cont.)	*salvo* siempre los derechos del deudor o del cedente para sostener su validez
	without prejudice, however, *to* the rights of the debtor or assignor to maintain its validity
quedar a salvo	*Quedará a salvo* su derecho para que lo ejercite.
	His right to exercise (or: enforce) it *shall remain intact.*
salir del servicio de	El derecho de un empleado de *salir del servicio* de su principal descansa sobre la misma base que el derecho del principal de dejarlo cesante.
	The rights of an employee to *quit the service* of his employer rests upon the same basis as the right of his employer to discharge (fire) him.
saneamiento	El vendedor está obligado a la entrega y *saneamiento* de la cosa objeto de la venta.
	A vendor (seller) is bound to deliver and *warrant title to* the thing sold.
sentado	la bien *sentada* doctrina sobre esta materia
	the well *settled* doctrine on this subject
sentencia	obtener *sentencia* por el balance
	to obtain *judgment* for the balance
	toda *sentencia definitiva*
	every *final judgment*
sentencia por las alegaciones	Cualquier parte puede solicitar que se dicte *sentencia por las alegaciones.*
	Any party may move for *judgment on the pleadings.*
sentenciadora	el tribunal *sentenciador*
	the *trial* court
en sentido contrario	Cualquier estipulación *en sentido contrario* se tendrá por nula.
	Any stipulation *to the contrary* shall be deemed void.

en ese sentido

Cuando existe estipulación *en ese sentido*...

When there is a stipulation *to that effect*...

Si se hace solicitud *en ese sentido*

If application is made *therefor*...

en tal sentido

a solicitud que se le haga *en tal sentido*

upon motion that it be done *for that (such) purpose*

en todos sentidos

en todos sentidos como si...

in all respects as if...

señalamiento

señalamiento de casos para juicio

assignment of cases for trial

aviso de *señalamiento* para la vista

notice of hearing (= Notice of *the date and place set* for the hearing)

Si el *señalamiento* del precio se deja al arbitrio de...

If the *determination* (fixing) of the price is left to the discretion of...

señalar

Los demandantes apelan *señalando* tres errores.

Plaintiffs appeal *assigning* three errors.

después de los 10 días *señalados* por esta Ley

after the 10 days prescribed (fixed) by this Act

señalar fecha y sitio para...

to *set* a date and place for...

signo

Por el contrato de compra y venta uno de los contratantes se obliga a entregar una cosa determinada y el otro a pagar por ella un precio cierto en dinero o *signo* que lo represente.

By a contract of purchase and sale one of the contracting parties binds himself to deliver a specified thing and the other to pay a certain price therefor in money or in *token* thereof.

síndico	solicitud sobre nombramiento de *síndico*
	motion for appointment of a *receiver*
	síndico de quiebra
	receiver in bankruptcy
sin más	El hecho de que . . . , *sin más*, "no nova" dicho contrato
	The fact that . . ., does not, *of itself*, novate said contract
sin que	El tribunal puede prorrogar este término por el tiempo que estime necesario, *sin que* pueda exceder de un año.
	The court may extend this term for such time as it may deem necessary, *not* to exceed one year.
sobrentendido	El alguacil debe estar en condiciones de tomar posesión material o *sobrentendida* de los bienes.
	The marshall must be in a position to take actual or *constructive* possession or the property.
sobreseimiento	Se ordenará el *sobreseimiento* en cuanto a la parte fallecida.
	Dismissal will be ordered as to the deceased party.
sobreseir	una orden *sobreseyendo* la acción
	an order *dismissing* the action
social	un contrato *social*
	a *partnership* agreement
sociedad civil	liquidación de una *sociedad civil* y partición de sus bienes entre los socios.
	liquidation of a *non-trading partnership* and partition of its assets among partners.
	(NOTE: In both Spanish and Puerto Rican law, a partnership engaged in any activity other than trade, formed under and governed by the provisions of the Civil Code, is known as a "sociedad civil" while a partnership engaged in some enterprise of a commercial nature is known as a "sociedad mercantil" formed under and governed by the provisions of the code of

sociedad civil (cont.)	commerce. The English edition of the *Laws of Puerto Rico Annotated* renders these terms as "civil partnership" and "commercial partnership," respectively. However, since the definitions of "non-trading partnership" and "trading partnership" found on page 374 of the Dictionary of Business and Finance (Thomas Y. Crowell and Co., 1930) correspond, for all practical purposes, to the descriptions of "sociedad civil" and "sociedad mercantil" found in both the *Diccionario de Derecho Privado,* on pages 3654-8 and 3667-74, and in the *Puerto Rican Civil Code* (Section 4313 and Annotation 3 thereunder), "non-trading partnership" has been chosen in this translation as the preferred rendition conveying the essence of the meaning of "sociedad civil" much better than "civil partnership" which does not conform to Anglo-American usage and is consequently meaningless.)
solar	la venta de cierto *solar*
	the sale of a certain *lot*
solemnidades legales	Si fuese nula la citación judicial por falta de *solemnidades legales* ...
	If the judicial citation is void by reason of the absence of *legal formalities* ...
solicitar	*solicitar* la desestimación de la acción
	to move for dismissal of the action
solidariamente	Los socios no quedan obligados *solidariamente* respecto de las deudas de la sociedad.
	Partners are not *jointly and severally* liable for the debts of the partnership.
solventar	Una deuda no queda *solventada* por la simple entrega de un cheque.
	A debt is not *discharged* by the mere delivery of a check.
sostener	Los que hubiesen *sostenido* acusación criminal contra el menor no pueden ser tutores.
	Those who have *filed* a criminal charge against the minor cannot be guardians.

subarrendador y subarrendatario	Sin perjuicio de su obligación para con el *subarrendador* queda el *subarrendatario* obligado a favor del arrendador por todos los actos que se refieren al uso y conservación de la cosa arrendada en la forma pactada entre el arrendador y el arrendatario.

Without prejudice to his obligation toward the *sublessor*, a *sublessee* shall remain bound to the lessor for all the acts which refer to the use and preservation of the thing (property) leased in the manner agreed upon between the lessor and the lessee. |
| **subrogación y subrogado** | La *subrogación* transfiere al *subrogado* el crédito con los derechos a él anexos.

Subrogation transfers to the *subrogee* the credit together with the rights attached thereto. |
| **substancial** | La cuestión sería *substancial* y no de procedimientos.

The matter would be one *of substance* and not of procedure. |
| **preguntas sugestivas** | interrogar a un testigo por medio de *preguntas sugestivas*

to interrogate a witness by *leading questions* |
| **supeditado** | La obligación está *supeditada* al cumplimiento de una condición suspensiva.

The obligation is *subordinate* to the fulfillment of a condition precedent. |
| **supérstite** | el cónyuge (la cónyuge) *supérstite*

the *surviving* spouse |
| **bajo el supuesto de** | contratos *bajo el supuesto de* futuro matrimonio

contracts *in contemplation* of marriage |
| **bajo el supuesto de que** | En una acción de... entablada por... *bajo el supuesto de que*...

In an action for... brought by... *on the grounds that*... |
| **surgir** | la voluntad de las partes, conforme la misma *surge* de un contrato entre ellas |

surgir (cont.) the will of the parties, as *evidenced* by a contract between them

surtir No *surte* el efecto de saldar la deuda.

It does not *operate* to discharge the debt.

No puede *surtir* ni *surte* efecto legal alguno.

It cannot, nor does it *have* (produce) any legal effect.

suscitarse Cuando ante los tribunales *se suscite* una contienda...

When litigation *is commenced* in the courts...

sustraer Si el poseedor de la cosa mueble perdida o *sustraida*...

If the possessor of the chattel lost or *stolen*...

En esta misma pena incurrirá el que *sustrajere* dolosamente el testamento cerrado del domicilio del testador.

The same penalty shall be incurred by anyone who maliciously *removes* a closed will from the residence of the testator.

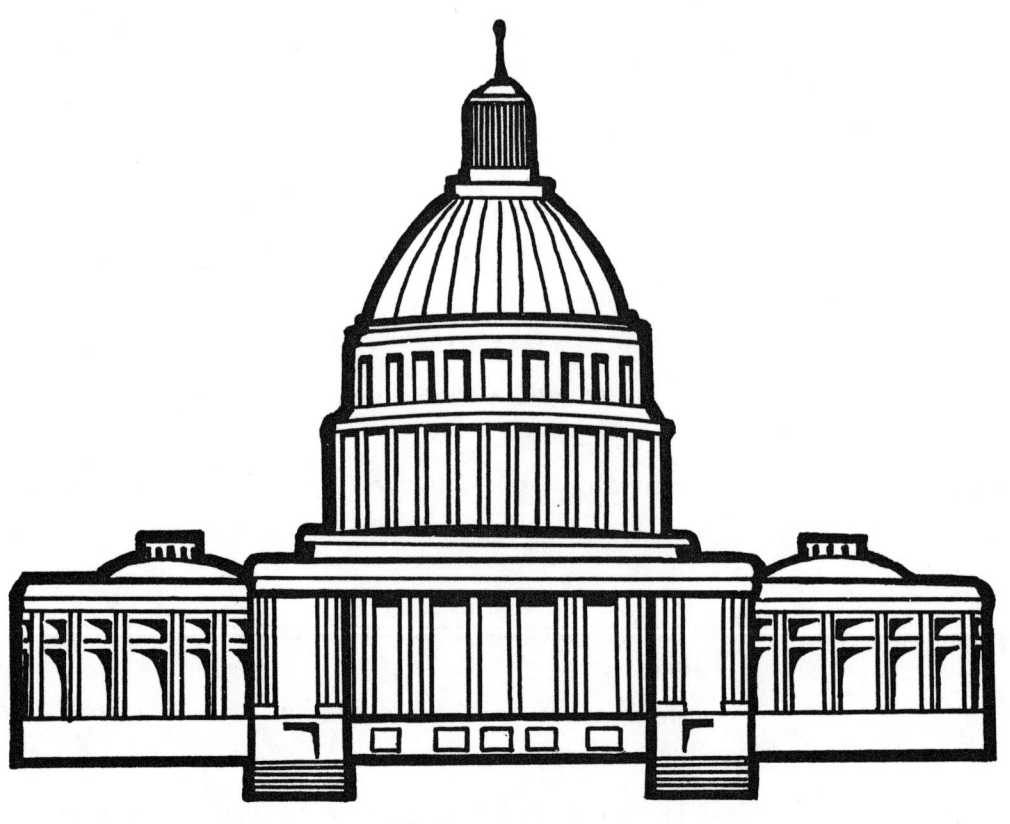

T

tachado Si el testamento ológrafo contuviere palabras *tachadas*...
If the holographic will contains words *erased* (deleted)..

tachado de endosos posteriores al pago por persona acomodada
striking out indorsements after payment by person accommodated

tasación Reglas que regirán el inventario, *tasación* y ventas de bienes.
Rules governing inventory, *appraisal* and sale of property.

según *tasación* pericial
as per expert *appraisal*

taxativamente Esta sección marca *taxativamente* las facultades de los albaceas para el caso de que...
This section *specifically* prescribes the powers of executors in the case where...

tenedor *tenedor* de buena fe
holder in good faith (or: *holder* in due course)

tener En todo caso se dará preferencia a aquellos pleitos que la *tengan* por ley.
In any case, priority shall be given to those lawsuits *entitled* thereto by law.

tener por *tener por* conveniente

tener por (cont.)	*to deem* proper
tener a bien	El juez que entendiese en la causa podrá dejar en suspenso la sentencia bajo las condiciones que *tuviese a bien* imponer.
	The judge hearing the case may suspend judgment on such conditions as he may *deem proper* (best) to impose.
a tenor con	*a tenor con* la Ley de...
	under the Act of...
	a tenor con lo preceptuado en los artículos...
	pursuant to the provisions of articles...
a tenor de	...aduce causa de acción *a tenor de* lo que prescriben las secciones...
	...states a cause of action *within the purview* of sections...
a tenor de los mismos	Las obligaciones de los contratos tienen la fuerza de ley entre las partes contratantes y deben cumplirse *al tenor de los mismos*.
	Obligations arising from contracts have legal force between the contracting parties and must be fulfilled *in accordance therewith*.
tercería	aquél que *entabla tercería*
	a plaintiff in a *third party proceeding*
terminación	proseguir una reclamación hasta su *terminación*
	to prosecute a claim to its *conclusion*
dar por terminado	Cuando un comprador de una propiedad *da por terminado* el contrato de arrendamiento existente entre el anterior dueño y el inquilino...
	When the purchaser of property *terminates* the lease in force between the previous owner and tenant...
terminante	la obligación *terminante* de entregar los bienes a un segundo heredero...
	the *absolute* obligation to deliver the property to a second heir...

terminar	La acción no *termina* con el fallecimiento de uno o más demandantes.
	In the event of the death of one or more of the plaintiffs the action does not *abate*.
	después que el demandante haya terminado la presentación de su evidencia
	after the plaintiff has *finished* the presentation of his evidence
término	*término* del tribunal
	term of court
poner término	La sentencia *pondrá término* a la acción.
	The judgment *shall terminate* the action.
en primer término	ofrecimiento de pago por persona responsable *en primer término*
	tender of payment by a person *primarily* liable
en segundo término	personas responsables *en segundo término*
	persons *secondarily* liable
contribución territorial	La ley no fija término de prescripción para el cobro de la *contribución territorial*.
	The law fixes (sets) no limitation period for collection of *taxes on real property*.
testamento	El acto por el cual una persona dispone para después de su muerte de todos sus bienes, o parte de ellos, se llama *testamento*.
	The act by which a person makes provision for the disposition of all or any part of his property upon his death is called a *will*.
testador y testigo de conocimiento	El notario dará fe, al final del testamento, de conocer al *testador* o a los *testigos de conocimiento* en su caso.
	The notary shall certify, at the end of the will, that he knows the *testator* or the *identifying witnesses*, as the case may be.

testar

Pueden *testar* aquellos a quienes la ley no lo prohibe expresamente.

All persons who are not expressly prohibited by law may *make a will*.

expedir por testimonio

El notario hará constar estas alteraciones en las copias *que expida por testimonio* de las capitulaciones o contrato primitivo.

The notary shall state these modifications in the *authenticated* copies of the stipulations or original contract.

falso testimonio

el delito de *falso testimonio*

the crime of *perjury*

tipo para subasta

pagando el precio que sirva de *tipo para la subasta*

(by) paying the price which is to serve as the *upset price*

título

Título 13 del Código de los Estados Unidos

Title 13 U.S. Code

Repudiando la herencia como heredero "ab intestato" y sin noticia de su *título* testamentario, podrá aceptarla por éste.

By repudiating the inheritance as an heir by intestacy without knowing of his testamentary *right* (or: *right* under the will), he may still accept it by the latter (right).

título de crédito

credit *instrument*

título de dominio

Un título posesorio no puede tener preferencia sobre un *título de dominio*.

A possessory right cannot take precedence over a *right of ownership*.

a título gratuito

Se presumen celebrados en fraude de acreedores todos aquellos contratos por virtud de los cuales el deudor enajenare bienes a *título gratuito*.

All contracts by virtue of which the debtor conveys property *gratuitously* are presumed to be executed with intent to defraud creditors.

a título oneroso	También se presumen fraudulentas las enajenaciones a *título oneroso*, hechas por aquellas personas contra las cuales se hubiese pronunciado antes sentencia condenatoria en cualquier instancia.
	Conveyances *for a valuable consideration* made by persons convicted prior thereto in a court of any instance shall also be presumed to be fraudulent.
a título universal y título particular	Llámase heredero al que sucede *a título universal* y legatario al que sucede *a título particular*.
	One who takes by a general right is called an heir and one who takes *by a special right* is called a legatee.
tomador	aceptación del acceptante de la capacidad que tiene el *tomador* para endosar
	acceptor's admission of *payee's* capacity to indorse
tomar	ante un notario público o magistrado que tenga un sello oficial y autorizado para *tomar* juramento
	before a notary public judge or magistrate possessing an official seal and authorized to *administer* oaths
torticero	*actos torticeros* realizados a través de su agente
	tortious acts committed through his agent
	como consecuencia del *acto torticero* del demandado
	as a consequence of the defendant's *tort*
trabar	*trabar* un embargo
	to file an attachment
tradición	La propiedad y los demás derechos sobre los bienes se adquieren y transmiten por la ley, por donación, por sucesión testada e intestada y por consecuencia de ciertos contratos mediante *tradición*.
	Ownership and other property rights are acquired and transmitted by law, by gift, by testate or intestate sucession and in consequence of certain contracts by *delivery*.
tramitarse	Ambas acciones deben *tramitarse* por la vía ordinaria.
	Both actions *must be prosecuted* in accordance with ordinary procedure.

transacción	acción para exigir el cumplimiento de una *transacción*
	an action to enforce the terms of a *compromise*
transacción y pago	la defensa afirmativa de *transacción y pago*
	the affirmative defense of *accord and satisfaction*
transcripción	una *transcripción* de los procedimientos
	a *transcript* of the proceedings
transigido	Una acción de clase no será desistida o *transigida* sin la aprobación del tribunal.
	A class action shall not be discontinued or *settled* without the approval of the court.
traspaso	una reclamación para anular un *traspaso* fraudulento que le perjudique
	a suit (action) to set aside a *conveyance* fraudulent as to him

U

ulterior

en el caso de *ulteriores* procedimientos
in the event of *further* proceedings

tercer y *ulteriores* matrimonios
third and *subsequent* marriages

unidad

la *unidad* de acto exigida por esta sección
the *continuity* of the act required under this section

universal

El albacea puede ser *universal* o particular.
An executor may be *general* or special.

unido

protesto *unido* a la letra de cambio
protest *annexed* (*attached*) to the bill of exchange

siempre que estén *unidos* a ellos *por vínculos de solidaridad*
provided that they are *jointly bound* with them

en unión de

... es una circunstancia sospechosa que *en unión de* otras
... is a suspicious circumstance which *together with* others

una universalidad de

un derecho establecido no a favor de *una universalidad* de individuos, sino a favor de determinados individuos
a right conferred not on a whole *class* of individuals but on certain individuals

uno o varios

aunque de existir *uno o varios* de esos documentos

although if *one or more* of those documents exists

uno y otro

en *uno y otro* caso

in *both* cases (or: in *either* case)

de uno y de otro

personas de *uno y de otro* sexo podrán ser testigos

persons of *either* sex may be witnesses

las unas por las otras

Las cláusulas de los contratos deberán interpretarse *las unas por las otras.*

The clauses of a contract should be construed *in relation to one another* (each other).

uso

uso o costumbre del país

usage or custom of the country

salvo que por el *uso* en cada localidad

unless by reason of the *custom* in each locality

útil

Cada uno de los acreedores solidarios puede hacer lo que sea *útil* a los demás, pero no lo que les sea perjudicial.

Each of the joint and several creditors may do whatever is *beneficial* to the others but not what is prejudicial to them.

dentro de los nueve días *útiles* siguientes a...

within nine *working* days from...

convertirse en utilidad

También será válido el pago hecho a un tercero en cuanto *se hubiese convertido en utilidad* del acreedor.

Payment made to a third person shall also be valid to the extent that *it is beneficial* to the creditor.

trabajos y utilidad

indemnizar al contratista de todos sus gastos, *trabajos y utilidad* que pudiese obtener de ello

to indemnify the contractor for all the expenses, *labor and profit* he could derive therefrom

V

vencer

Si *venciere* en el juicio...

If he *wins* the case...

ver

juez que puede *ver* la moción

judge who may *hear* the motion

vía de apremio

La transacción tiene para las partes la autoridad de la cosa juzgada; pero no procederá la *vía de apremio* sino tratándose del cumplimiento de la transacción judicial.

A compromise has, as between the parties, the same authority as a res judicata but *foreclosure proceedings* shall lie only when fulfillment of a judicial compromise is involved.

viciar de nulidad

Quien reconoce la autenticidad de documentos de pago, sin impugnar sus fechas ni invocar razón alguna que los *vicie de nulidad,* tiene que aceptar la consecuencia de ese reconocimiento.

A person who acknowledges the genuineness of written evidences of payment and does not question the dates thereof or cite any reason that *nullifies* them must accept the consequences of such acknowledgment.

vigencia

con antelación a la *vigencia de esta ley*

prior to the *effective date* of this Act

vínculo

Llámase *doble vínculo* al parentesco por parte del padre y de la madre conjuntamente.

Relationship on both the father's and mother's side is called *whole blood* relationship.

vínculo (cont.)	hijos de hermanos de *vínculo doble* o de medio lado
	children of brothers and sisters of the *whole* or of the half *blood*
	El divorcio lleva consigo la ruptura completa del *vínculo* matrimonial.
	Divorce carries with it the complete dissolution of the *bond* of marriage.
vista	luego de la celebración de una *vista*
	after a *hearing* is held
voluntad	En los testamentos debe atenderse más a la *voluntad* del testador que al sentido literal de las palabras por él usadas en ellos.
	In wills, the *intent* of the testator should be given more consideration than the literal meaning of the words used by him therein.
a voluntad	La rescisión, en este caso, sólo tendrá lugar *a voluntad* del comprador.
	Rescission, in such case, shall only take place *at the option* of the buyer (vendee).
voluntario	su propio descuido *voluntario* o negligencia manifiesta
	his own *wilful* neglect or manifest negligence